JN112876

たのしく
読めて、
学びも
たっぷり

Page-Turner:
A Collection of
32 Essay Treasures
in English

英語で
至福の
エッセイ

ケイ・ヘザリ 著
Kay Hetherly

アルク

Preface

When I first went to Japan to teach in Kyoto for a year, I had no idea that year would change my life forever. I ended up spending another year in Kyoto and 15 in Tokyo. By the end of that time, Japan and the people I met there were infused into my heart and mind.

Most of the essays in this collection were written after moving back to my home state of Texas in 2006. But if you read this book, you'll see that whether the topic is language, food, gender, politics, religion, marriage, or life and death, Japan is always present in my thoughts. I'm grateful for that and hope these stories give something back to the people who read them.

This is a redesigned and expanded edition of my 2017 book, *Tea Time Talk*. I am especially grateful to ALC and their amazing book team for the opportunity to reissue these essays along with seven additional ones. The ALC team supported and encouraged my writing for almost 18 years and, for that, I will always be grateful. Thanks to them and to our valued readers — these essays are for you.

Kay Hetherly

はじめに

　京都で教師をするため、1年の予定で初めて日本に行ったとき、その1年が私の人生を永久に変えてしまうとは、思いもよりませんでした。結局、もう1年を京都で、そして15年を東京で過ごすことになりました。日本暮らしの終わりの頃には、日本とそこで出会った人々は、私の心にしみ込んでいました。

　本書に集められたエッセイのほとんどが、2006年に故郷テキサス州に戻ってから書かれたものです。けれども本書を読んでみると、話題が言葉、食べ物、ジェンダー、政治、宗教、結婚、あるいは生死、どれであろうと、日本がいつも私の心にあることがわかります。そのことをありがたく思うと同時に、これらの話が読者の方々への何らかのお返しになることを願っています。

　本書は、2017年の私の本『ケイ・ヘザリのTea Time Talk』を再構成し、増補したものです。追加の7編とともにこれらのエッセイをあらためて出版する機会を与えてくださったことについて、アルクとその出版チームの素晴らしい尽力に特に感謝しています。アルクの皆さんが、18年近くにわたって私の執筆を支え、励ましてくださったことへの感謝は、ずっと忘れることがないでしょう。そのスタッフと、大切な読者の方々に感謝を込めて ―― これらのエッセイは、皆さんのものです。

ケイ・ヘザリ

Contents
目次

Chapter 1
日々の断片

+ — + — +

Chapter 2
「日本的」? 「アメリカ的」?
・—＋—・

Chapter **3**

言葉の沼

+ ── + ── +

Chapter **4**

変化するアメリカ

+ ── + ── +

Chapter 5

2つの国の間で

+ — + — +

Chapter 6

伝えること

+ — + — +

※各エッセイの内容は月刊誌ENGLISH JOURNAL 掲載時のものであり、
執筆当時の社会状況や議論を反映した文章も含まれております。

教えて! ヘザリさん

日本料理好き、日本の温泉好き、など
エッセイでさまざまな顔を見せてくれるヘザリさん。
「どんな人なのかもっと知りたい!」という読者の皆さんのために、
いくつか質問をしてみました。

What kind of place is Texas — where you were born, grew up and now live again?

生まれ育ち、現在またお住まいのテキサスは、どんな所ですか?

I was born in Austin, grew up in Houston, and now live in San Marcos, a pretty college town in Central Texas. Texas is famous for great barbecue and Tex-Mex, the Texas version of Mexican food. Unfortunately, it has also become infamous for extreme politics.

私は (テキサスの) オースティンで生まれ、育ったのはヒューストンで、今住んでいるのはサンマルコスというテキサス中部のかわいらしい大学町です。テキサスは、おいしいバーベキューと、Tex-Mex つまりテキサス風メキシコ料理が有名です。残念ながら、極端な (右派による) 政治で悪名も高くなっていますが。

Tell us about your current job.

現在のお仕事について教えてください。

My current "job" is making my dogs happy and reading as many books as I can! I retired from full-time work last year. I'm still writing and doing some freelance work, but I take my reading, dog walking, and language study very seriously these days.

私の今の「仕事」は、飼い犬たちを幸せにすることと、できるだけ多くの本を読むことです! 昨年、常勤の仕事を引退したんです。今も執筆やいくつかのフリーランスの仕事をしていますが、読書と犬の散歩、そして語学学習に、最近はとても重きを置いています。

ケイ・ヘザリ Kay Hetherly

アメリカ、テキサス州在住。通算17年、日本で暮らし、その間、大学講師や翻訳家などとして活躍。著書に『American Pie』『Kitchen Table Talk』(ともにNHK出版)、『英語で珠玉のエッセイ』(アルク)などがある。月刊誌ENGLISH JOURNAL (アルク) で、2005年4月号から2023年1月号まで連載エッセイ「Tea Time Talk」を執筆。

Q3   What kind of child were you?

どんな子どもでしたか？

I was a "tomboy." When I think of childhood, I think of playing outside until dark, running around barefoot, pretending to be Tarzan (never boring Jane!), and wondering why boys could go shirtless and girls couldn't. Kids had a lot of freedom back then, and, apart from school, we practically lived outside.

A3

私は「おてんば」でした。子どもの頃を思い返すと、浮かんでくるのは、暗くなるまで外で遊んだり、裸足で走り回ったり、ターザンごっこをしたり（決して退屈なジェーンのまねはしませんでした！）、なぜ男の子はシャツを着なくてもいいのに、女の子は着ないと駄目なのかと不思議に思ったりしたことです。その当時の子どもには自由がたくさんあり、また、学校にいるとき以外、私たちはほとんど外で暮らしていたようなものでした。

Q4 What is your comfort food?

ほっとする食べ物は？

Homemade chicken pot pie would have to be at the top of the list. Even as a kid, frozen chicken pot pies were my favorite lunch when I was at home. Homemade takes time, but you can't beat a flaky crust made from scratch, filled with fresh vegetables in a lovely cream sauce.

自家製チキン・ポットパイを真っ先に挙げないといけないでしょうね。子どもの頃も、冷凍のチキン・ポットパイは家にいるときの大好きな昼食でした。自分で作るのは時間がかかりますが、一から作ったサクサクのパイ皮の中に、新鮮な野菜入りの絶品クリームソースがたっぷり詰まったあれにかなうものはありません。

Q5 What is the best thing about learning the Japanese language for you?

日本語を学んで一番良かったことは？

For me, language is all about connection. I love that learning Japanese gave me the opportunity to meet and know people I couldn't have known otherwise. That includes various strangers I never saw again and the parents and families of some of my best friends.

私にとって、言語とは人とのつながりにほかなりません。日本語を学んだことによって、そうしなければ知ることのなかったであろう人々と出会い、知り合う機会が持てたことを、いとおしく思っています。そうした人々の中には、一度会ったきりで再会することのなかったさまざまな人や、親友たちの両親や家族も含まれています。

Q6

What do you think is the biggest difference between the English language and the Japanese language?

英語と日本語の最大の違いは何だと思いますか？

It's easy to point to huge differences like the difficulty of kanji versus the simplicity of a 26-letter alphabet; or the ease of Japanese phonetic spelling and pronunciation versus crazy English spelling and pronunciation that even natives get wrong. But far more subtle and interesting to me is how each language expresses a different culture.

漢字の難しさと 26 文字のアルファベットのシンプルさを比べたり、日本語の音と直結した文字表記、そして発音の易しさと、英語の母語話者でも間違える綴りと発音の異常なややこしさを比べたりして、両者のとても大きな違いを指摘するのは簡単です。でも、はるかに微妙で面白く感じられるのは、それぞれの言語に、それぞれの異なる文化がどのように表れているかという点です。

Photo by Tara Spies Smith

How to use this book

本書の構成と使い方

※

本書には、月刊誌ENGLISH JOURNALの連載
「Tea Time Talk」のエッセイの中から選んだ32編を収録しています。
すべて、著者のケイ・ヘザリさん自身による朗読音声付きです。

ダウンロード音声のファイル番号
🔊 01 は、音声ファイル01に対応しています。音声の入手方法はp.14を参照してください。

リード文
エッセイの概要や味わいどころを紹介しています。

エッセイのタイトル

🔊 01

Doggy Bag
ドギーバッグ

「アメリカ料理」と聞くと、まず何を思い浮かべますか？
このエッセイでは、アメリカの食文化の
今の姿を、ヘザリさんが伝えてくれています。
最後に出てくるアドバイスも参考になりますよ。

---

* Doggy Bag *

American food culture has ⁰come a long way. ⁰Yet in other ways, it hasn't.

First, the ⁰good stuff. Even though Japanese people may still think "hamburger" when they think of American food, variety is the real ⁰spice of U.S. food

life. Don't ⁰get me wrong — we love our burgers, but not all burgers are ⁰equal. In fact, ⁰Texas Monthly magazine publishes a list of the "Fifty Best Burgers in Texas," and if you're ever in Texas, you must try at least one of them.

語注

doggy bag ドギーバッグ、持ち帰り用の袋
★「食べ残しを持い犬のために持ち帰る」という建前上、doggy（犬用の）という表現が定着している。

⁰ come a long way 大いに進歩する、発展する
⁰ yet けれども、しかし
⁰ good stuff 良いの
⁰ spice スパイスとなるもの、趣、面白み

⁰ get ~ wrong ～（の発言）を誤解する
⁰ equal 等しい、互角の
⁰ Texas Monthly 『テキサス・マンスリー』
★アメリカ、テキサスで発行されている月刊誌、1973年創刊。

英文

アメリカの食文化は大いに進歩しました。けれども見方を変えると、そうでない面もあります。
まず良い点から見てみましょう。アメリカの食べ物というと、日本の人はいまだに「ハンバーガー」を思い浮かべるかもしれませんが、バラエティーに富んでいることこそが、アメリカの食生活における面白みです。誤解しない

でくださいね――私たちもハンバーガーは大好きですが、すべてのハンバーガーが同じわけではありません。実際、『テキサス・マンスリー』誌が「テキサスのベスト・ハンバーガー50」を発表しているので、テキサスにお越しの際は、少なくともこの中の一つは食べてみてください。

---

016 | Chapter 1 |

| Chapter 1 | 017

日本語訳
英文が難しく感じられたときには、日本語訳を参照してみましょう。

- まずは語注や日本語訳を見ずに、英文を読み進めてみましょう。読解のために語句の意味を確認したい場合は、語注を参照してください。日本語訳は、英文を読み終えた後の確認に使いましょう。
- リスニング学習に使用する場合は、まず、英文を見ずに音声を聞くだけで理解できるか、試してみましょう。その後、英文を見ながら音声を聞き、聞き取れなかった箇所をチェックし聞き直します。

掲載号
月刊誌ENGLISH JOURNALの何年何月号に掲載されたかを示しています。

True/False Review
エッセイの内容が理解できたかを確認するためのクイズです。1と2それぞれの文について、エッセイの内容と合っている（True）か、合っていない（False）かを答えましょう。

エッセイは、内容別に「日々の断片」「『日本的』？『アメリカ的』？」「言葉の沼」「変化するアメリカ」「2つの国の間で」「伝えること」の6つの章に分け、それぞれ掲載年月の古い順に収録しています。

無料 朗読音声について

本書のエッセイの朗読音声は、スマートフォンやパソコンに無料でダウンロードできます。

朗読音声は、リスニングの学習にも利用可能です。聞き取りやすい速さ・発音で読まれているため、ディクテーション（音声の書き取り）やリピーティング、シャドーイング*などのトレーニングにも適しています。

＊聞こえてくる音声に少し遅れるようにして、そっくりまねながら口に出していく練習法です。お手本の音声に影（シャドー）のように付いていくことから、こう呼ばれています。

スマートフォンの場合

学習用アプリ「booco」をインストールの上、ホーム画面下「さがす」から本書を検索し、音声ファイルをダウンロードしてください。

「booco」について

https://booco.page.link/4zHd

パソコンの場合

下記のウェブサイトから音声ファイル（MP3形式。zip圧縮済み）をダウンロードしてください。

アルク「ダウンロードセンター」

https://portal-dlc.alc.co.jp/

※書名もしくは商品コード（7023037）で検索してください。

※アプリ「booco」および「ダウンロードセンター」のサービス内容は、予告なく変更する場合があります。あらかじめご了承ください。

朗読音声は、収録した場所・方法などの違いにより、音質その他に差があります。

Chapter

1

日々の断片

+ —— + —— +

Doggy Bag
ドギーバッグ

❋

「アメリカ料理」と聞くと、まず何を思い浮かべますか？
このエッセイでは、アメリカの食文化の
今の姿を、ヘザリさんが伝えてくれています。
最後に出てくるアドバイスも参考になりますよ。

American food culture has ❶come a long way. ❷Yet in other ways, it hasn't.

First, the ❸good stuff. Even though Japanese people may still think "hamburger" when they think of American food, variety is the real ❹spice of U.S. food

---

Title doggy bag　ドギーバッグ、持ち帰り用の袋
★「食べ残しを飼い犬のために持ち帰る」という建前上、doggy（犬用の）という表現が定着している。

❶ come a long way　大いに進歩する、発展する
❷ yet　けれども、しかし
❸ good stuff　良い点
❹ spice　スパイスとなるもの、趣、面白み

　アメリカの食文化は大いに進歩しました。けれども見方を変えると、そうでない面もあります。
　まず良い点から見てみましょう。アメリカの食べ物というと、日本の人はいまだに「ハンバーガー」を思い浮かべるかもしれませんが、バラエティーに富んでいることこそが、アメリカの食生活における面白みです。誤解しない

life. Don't **❺**get me wrong — we love our burgers, but not all burgers are **❻**equal. In fact, **❼**Texas Monthly magazine publishes a list of the "Fifty Best Burgers in Texas," and if you're ever in Texas, you must try at least one of them.

---

❺ get ~ wrong　～（の発言）を誤解する
❻ equal　等しい、互角の

❼ Texas Monthly　「テキサス・マンスリー」
★アメリカ、テキサス州で発行されてい
る月刊誌。1973 年創刊。

でくださいね──私たちもハンバーガーは大好きですが、すべてのハンバー
ガーが同じわけではないのです。実際、「テキサス・マンスリー」誌が「テキ
サスのベスト・ハンバーガー50」を発表しているので、テキサスにお越しの
際は、少なくともこの中の一つは食べてみてください。

As great as hamburgers are, the best part of American food culture is how culturally **❽**diverse it is. You can see the diversity even in a small city like mine. Only five minutes from my office is the Euro Café, **❾**specializing in home-style Eastern European dishes, like **❿**stuffed cabbage, **⓫**spinach pie, and **⓬**hummus. About 10 minutes away is the **⓭**mobile food park, with trucks offering everything from **⓮**authentic Hawaiian and Thai food to **⓯**Louisiana Cajun specialties like **⓰**gumbo and **⓱**shrimp po'boys.

---

❽ diverse　多様な
　★次行の diversity は名詞で「多様性」の意。
❾ specialize in ~　～を専門とする
❿ stuffed cabbage　ロールキャベツ
⓫ spinach pie　ホウレンソウのパイ
⓬ hummus　フムス
　★ひよこ豆を使った中東料理のペースト。
⓭ mobile food park　移動式フードパーク
⓮ authentic　本物の、本格的な

⓯ Louisiana Cajun specialty　ルイジアナ名物のケージャン料理
　★アメリカ南部にあるルイジアナ州のフランス系住民の料理。specialty は「名産、自慢の品」の意。
⓰ gumbo　ガンボ
　★シチューのようなケージャン料理。
⓱ shrimp po'boy　シュリンプ・ポ・ボイ
　★ルイジアナ名物のサンドイッチ。

ハンバーガーも素晴らしいですが、アメリカの食文化の最もいいところは、その多様性です。私の住んでいる所のように小さい街でも、食べ物はバラエティーに富んでいます。私の職場からほんの5分の所に、ロールキャベツ、ホウレンソウパイ、フムスといった東ヨーロッパの家庭料理が専門の「ユーロカフェ」があります。10分ほど行くと、移動式フードパークがあって、本格的なハワイ料理やタイ料理から、ガンボやシュリンプ・ポ・ボイのようなルイジアナ名物のケージャン料理まで、あらゆるものがトラックのお店で提供されています。

What really excites me is the ❶explosion of Japanese food in ❶Austin, 30 minutes down the road. Besides some award-winning restaurants with full menus, Austin now has two ramen shops and its ❷very own *izakaya*, the Dojo Sake Bar. While I haven't had a chance to visit these newer places yet, I'm thrilled that Japanese food is beginning to mean a lot more than teriyaki chicken and sushi in Texas.

OK, so here's what I don't like. As big as ❷portions have always been here, they seem to be getting even

---

❶ explosion　急増、激増
❶ Austin　オースティン
　★テキサス州の州都。
❷ very own　専用の、自身の
❷ portion　（食べ物の）一人前

私が何よりもわくわくしているのは、30分離れたオースティンで日本料理のお店が急速に増えていることです。何もかもがそろっていて賞を取るようなレストランのほかに、今ではラーメン店が2軒と、オースティンにしかない、「道場サケ・バー」という居酒屋があります。これらの新しいお店にはまだ行く機会がないのですが、テキサスの日本料理で、照り焼きチキンと寿司以外のものをたくさん味わえるようになってきたことに、胸が高鳴ります。
　さて次は、私が満足していない点です。アメリカでは、一人前の分量がこれまでもずっと多かったのですが、さらに増えているように思えるのです。こ

bigger. The other day for lunch, I ordered an American classic, **❷❷**macaroni and cheese, and there was enough on my plate for at least three meals. I immediately lost my **❷❸**appetite and took more than half of it home with me.

So here's my advice for hungry Japanese travelers in the U.S. Ask locals where their favorite burgers are and **❷❹**indulge yourself. But remember, the best "American" food is often the great Italian, Mexican, Cajun, or even Japanese food you can find in both big cities and small

---

❷❷ macaroni and cheese　マカロニチーズ
★マカロニにチーズソースをかけて焼いたもの。

❷❸ appetite　食欲
❷❹ indulge oneself　満喫する

の間は、昼食にアメリカの伝統料理のマカロニチーズを注文したのですが、出てきたお皿には少なくともたっぷり3食分が盛られていました。たちまち食欲が減退してしまい、半分以上を持ち帰りました。
　そこで、アメリカを旅行中の、おなかがぺこぺこの日本人旅行者にアドバイスを。地元の人にお気に入りのハンバーガー店を聞いて、思う存分食べてください。ただし、覚えておいてほしいのは、大都市でも小さな町でも、一番おいしい「アメリカ」料理は多くの場合、一流のイタリア料理、メキシコ料理、ケージャン料理、それどころか、日本料理であったりするのです。何しろア

towns. After all, America is the land of ㉕immigrants, and our food culture reflects that. If you can't eat everything on your plate, don't ㉖be shy about asking for a ㉗to-go box, or "doggy bag." Everyone does it, and if you don't, you're probably wasting good food and money or eating way too much. It may be called a "doggy bag," but everyone knows it's really for you!

April 2014

㉕ immigrant　移民
㉖ be shy about doing　〜するのをためらう
㉗ to-go box　持ち帰り用の箱

> メリカは移民の国ですから、食文化もそうした背景を反映しているのです。もしお皿に盛られた料理を食べ切れなかったら、持ち帰り用の箱や「ドギーバッグ」を遠慮なくもらいましょう。誰もがやっていますし、もしもらわなければ、おいしい食べ物とお金を無駄にすることになるか、あるいは食べ過ぎてしまうでしょう。「ドギーバッグ（犬用の袋）」とはいっても、本当はあなたのためのものだと、みんなわかっていますから！

True/False Review　内容理解クイズ　　解答と日本語訳 ▶ p. 218

エッセイの内容と合っていれば **T**（True）を、違っていれば **F**（False）を選びましょう。

1. Kay Hetherly says that her small city now has two ramen shops.　**T / F**

2. According to Hetherly, the best "American" food is always a hamburger.　**T / F**

What's for Dinner?

夕食は何?

※

アメリカの民族・文化の多様性が「食」に色濃く反映されて
いることは、最初のエッセイで読んだとおりです。
ここでは、まったく別の観点からの
「アメリカの食事の多様化」が紹介されます。

I'm a fan of **❶**Yoko Oishi's monthly "Oregon"
column in the English Journal. It's a lot of fun to read a
Japanese **❷**perspective on everyday life in the U.S. A few
months ago, Oishi-san wrote about funny American
party food for kids. Her examples made me laugh and
think about how strange our food **❸**landscape is
compared to Japan's.

---

❶ Yoko Oishi's monthly "Oregon" column
★ 月刊誌 English Journal で連載され
ていた、オレゴン州在住のエッセイスト
大石洋子氏のコラム。2行下の a few

months ago ...で紹介されているのは、
2015年2月号の内容。
❷ perspective　観点、視点
❸ landscape　風景、景観

English Journal に毎月連載されている、大石洋子さん執筆のオレゴン発
のコラムが好きです。アメリカでの日常生活に関する日本人の見方を読むのは、
すごく楽しいことです。何カ月か前に、大石さんがアメリカの、子ども向け
パーティー用のおかしな料理について書いていました。彼女が挙げていた例
に笑ってしまい、私たちの食の風景が、日本のそれに比べていかに奇妙かを
考えさせられました。

Imagine you're cooking dinner for some friends or ^❹picking a restaurant for the group. One friend can't eat rice, another won't eat any kind of noodles, and another is a vegetarian who doesn't eat any animal products ^❺whatsoever, including fish. What's for dinner? I can't imagine this scenario in Japan, but something similar happened to me recently here in Texas.

---

❹ pick 　〜を選ぶ

❺ ~ whatsoever　どんな〜でも
★whatever を強調した表現。

　あなたが何人かの友達のために夕食を作っているか、友達のためにレストランを選んでいるとしましょう。ある人は米を食べられず、もう一人は麺類はすべて駄目、そしてまた一人は、動物性食品は魚も含めてまったく食べないというベジタリアンです。こんなとき、夕食は何にすればよいのでしょう？日本ではこのような展開は想像できませんが、ここテキサスで最近、似たような状況に遭遇しました。

I invited two new ❻colleagues to a place that serves a home-style meal with no menu. You simply walk in, pay $8, sit down, and within five minutes, your plate is in front of you. On the day we went, lunch was ❼breaded chicken, pasta, salad, and dessert.

I must have been really hungry because my plate was empty before I realized my ❽companions' plates were still full. ❾It turned out one of them ❿was allergic to ⓫wheat and the other was "⓬gluten ⓭intolerant," meaning she can't eat wheat, ⓮barley, or ⓯rye.

---

❻ colleague　同僚
❼ breaded chicken　チキンカツ
　★breadedは「パン粉をまぶした」の意。
❽ companion　仲間、連れ
❾ it turns out (that) …　……だとわかる
❿ be allergic to ~　~に対してアレルギーがある
⓫ wheat　小麦

⓬ gluten　グルテン
　★小麦粉などに含まれる各種タンパク質の混合物。
⓭ intolerant　受け付けない、不耐性の
　★p. 26、3行目のintoleranceは名詞で「不耐、アレルギー、過敏症」の意。
⓮ barley　大麦
⓯ rye　ライ麦

　新しい同僚二人を、メニューのない、家庭料理を出すお店に招待したときのことです。ただお店に入って、8ドルを払い、席に着けば、5分もしないうちにお皿が目の前に運ばれてきます。その日のランチのメニューは、チキンカツ、パスタ、サラダ、そしてデザートでした。
　私はよほど空腹だったのか、全部食べてしまうまで、連れの二人のお皿の料理が減っていないことに気付かなかったのです。一人は小麦アレルギーで、もう一人は「グルテン不耐症」、つまり小麦や大麦、ライ麦が食べられないことがわかりました。

I suppose I should have asked about their food ⑯preferences before picking the restaurant. Especially since these two are ⑰not that unusual. Last year, ⑱The New York Times reported 30 percent of Americans want to eat less gluten or none at all. "Gluten-free" products are everywhere these days, including pizza, cookies, even ⑲vodka. Instead of wheat, barley, or rye, ⑳substitutes like ㉑oat or ㉒rice flour are used. Some people say this is a ㉓passing ㉔fad, but for now the ㉕grocery store shelves are packed with "gluten-free" labels.

---

⑯ preference　好み
⑰ not that ~　それほど~でない
　★ ここでの that は副詞。
⑱ The New York Times「ニューヨーク・タイムズ」
　★アメリカの有力日刊紙。1851年創刊。
⑲ vodka　ウオッカ

⑳ substitute　代用品
㉑ oat　オート麦
㉒ rice flour　米粉
㉓ passing　つかの間の、一過性の
㉔ fad　一時的な流行
㉕ grocery store　食料（雑貨）品店

　レストランを決める前に、二人の食べ物の好みを聞くべきだったのでしょうね。特に、この二人はさほど珍しいタイプの人たちではないのですから。去年の「ニューヨーク・タイムズ」紙の報道によると、アメリカ人の30％がグルテンの摂取量を減らしたい、あるいはまったく摂取したくない、と思っているそうです。最近では「グルテンフリー」の製品はどこにでもあり、ピザでもクッキーでも、そしてウオッカまでもが手に入ります。小麦、大麦、ライ麦の代わりに、オート麦や米粉のような代用品が使われているのです。これを一時のブームだと言う人もいますが、差し当たり、食料品店の棚は「グルテンフリー」のラベルを貼った食品でいっぱいです。

And gluten is not the only problem. [26]Dairy products are [27]off-limits for a lot of people with [28]lactose intolerance, and a growing number of others can't or won't eat meat and other animal products. Milk, cheese, eggs, bread, pasta, beef, chicken — all of these used to be considered [29]staples in the American [30]diet, just as

---

[26] dairy product　乳製品
[27] off-limits　合わない、禁止の
[28] lactose intolerance　乳糖不耐症
　★乳糖を消化する酵素が体内で不足するために起きる症状。

[29] staple　必需食料品
[30] diet　食事、食生活

　そして、問題はグルテンだけではありません。乳製品を摂取できない、大勢の乳糖不耐症の人がいますし、肉をはじめとする動物性食品を食べられない、あるいは食べない人も、どんどん増えています。牛乳、チーズ、卵、パン、パスタ、牛肉、鶏肉——これらはどれも、日本における米や魚と同じように、かつてはアメリカの食生活に欠かせない食べ物だと見なされていました。なの

rice and fish are in Japan, but now we seem to be having a food identity crisis.

There is some good news, though. Most people agree these days that ㉛dark chocolate and red wine are healthy. Unfortunately, that's not enough for a dinner party.

May 2015

㉛ dark chocolate　ブラックチョコレート
★ミルクの (ほとんど) 入っていないチョ
コレート

に今では、アメリカ人は、食べ物に関してアイデンティティーの危機を迎え
ているようです。
　でも、うれしい話もあります。ブラックチョコレートと赤ワインは健康にい
いと、最近ではほとんどの人が認めています。残念ながら、これだけではディ
ナーパーティーを催すには足りませんが。

True/False Review　内容理解クイズ　解答と日本語訳 ▶ p. 218

エッセイの内容と合っていれば **T**(True)を、違っていれば **F**(False)を選びましょう。

1. Hetherly says that the U.S.'s food landscape is stranger than Japan's.　**T / F**

2. Hetherly read that a majority of Americans want to eat less gluten or none at all.　**T / F**

Funny People and Trends on Campus

キャンパスのおかしな人たちと流行

❋

勤め先の大学図書館でヘザリさんが目にした
風変わりな格好・挙動の人々についてのエッセイです。
学生だけでなく、教授にも面白い人が多く、
退屈することがなさそうです。

I work at the research desk of a busy university library, a great job for people watching. Today I'm reporting on some funny college trends and unusual people at the library.

These days a lot of students, especially male ❶athletes, carry water bottles around all day long. Now, an

---

Title trend　傾向、流行
❶ athlete　運動選手、スポーツ競技者

　私は利用者の多い大学図書館のリサーチデスクで働いています。人間観察にはもってこいの仕事です。今日は、大学のおかしな流行と、図書館で目にする変わった人たちについて、お話ししましょう。

　近頃では多くの学生、とりわけスポーツをやっている男子学生が水のボトルを一日中持ち歩いています。さて、普通の水のボトルの容量は16.9オンス、

ordinary water bottle is 16.9 ounces, or 0.5 liters, but that's not what I'm talking about. The new trend is ❷gallon ❸jugs. And lately, I've seen a couple of guys with five-gallon jugs. That's like carrying an entire ❹water cooler around with you!

---

❷ gallon　ガロン
　★アメリカでは約3.8リットル、イギリスでは約4.5リットル。

❸ jug　容器、水入れ
❹ water cooler　冷水器

つまり0.5リットルですが、私が言っているのはそのボトルのことではありません。新しい流行はガロン容器なのです。最近では、5ガロン容器を持っている男子学生を何人か見掛けました。それはまるで、冷水器を丸ごと持ち歩いているようなものです！

There are some funny fashion trends too. Everyone seems to be talking about the "man ❺bun" these days. Maybe this isn't odd for Japanese since it resembles samurai style a bit — either a high ponytail or bun on top of the head. In American culture, we've always ❻associated buns with women, especially older, unmarried women. There's even a ❼stereotype of ❽prim and proper librarians and teachers, usually older women, wearing their hair in a bun — which may be why it's a little odd to see this style on young men.

Then there are the ❾ubiquitous ❿shorts. Most

---

❺ bun （髪の毛の）おだんご、束ねて結った髪
❻ associate A with B　AをBと結び付けて考える
❼ stereotype　ステレオタイプ、固定概念
❽ prim and proper　取り澄ました、上品過ぎる
　★prim は「しかめつらしい、堅苦しい」、proper は「気取った、堅苦しい」の意。
❾ ubiquitous　至る所にある
❿ shorts　ショートパンツ、半ズボン

はやりのファッションにも、おかしなものがあります。この頃は「男子のおだんご」があちらこちらで話題になっているようです。これは、日本人には違和感がないかもしれませんね、侍の髪形に少し似ていますから――頭の高い位置でのポニーテールにしても、頭のてっぺんのおだんごにしても。アメリカ文化では従来、おだんごから連想されるのは常に女性、とりわけ年配の未婚女性でした。お堅い気取った図書館司書や教師（大抵は年配の女性）は髪をおだんごにしている、という固定観念まであります――そのせいで、この髪形の若い男性を見ると、ちょっと変な感じがするのかもしれません。
　それから、あちこちで見掛けるショートパンツです。大部分の学生が、暑い

students wear short pants during the hot season, which in Texas can include spring, fall, and even some winter days. What makes me laugh is pairing shorts with heavy sweaters or jackets on cold days, a common ⓫outfit for male and female students here. Add cowboy boots and you have a very ⓬fashionable Texas college girl. But I can't ⓭leave out one of our library ⓮regulars, a German professor who wears shorts ⓯year-round. Lately he's been wearing a ⓰peach-colored pair. Whether or not he wears the same shorts to class, I can't say, but I would be surprised if he doesn't.

⓫ outfit　いでたち、服装一式
⓬ fashionable　おしゃれな
⓭ leave out ~　〜を除く、〜を省く
⓮ regular　常連、なじみ客
⓯ year-round　一年中
⓰ peach-colored　桃色の、ピンク色の

時期にはショートパンツをはきますが、テキサスでは、春、秋、そして冬の日でもその時期に含まれることがあります。私が笑ってしまうのは、寒い日にショートパンツと厚手のセーターや上着を組み合わせた服装で、ここでは男子学生、女子学生を問わず、よく見る姿です。これにカウボーイブーツをはけば、とてもおしゃれなテキサスの女子大生の出来上がりです。でも、私たちの図書館の常連の一人で、一年中ショートパンツをはいているドイツ語の教授のこともお伝えしておかなければなりません。彼はこのところずっと、ピンク色のショートパンツをはいています。授業にも同じショートパンツをはいて行っているのかどうかはわかりませんが、はいていなければむしろびっくりです。

While I'm on the subject of funny professors, I have to mention my very favorite — a political science professor who treats the library as his second home. I saw him ❶stretched out for a ❶nap on one of our ❶comfy ❷couches the other day, using his tennis shoe as a pillow.

I asked some students I work with what makes them laugh at the library these days. Several said

---

❶ stretch out　手足を伸ばす
❶ nap　居眠り、昼寝

❶ comfy　快適な、心地よい
　★comfortable のくだけた言い方。
❷ couch　長椅子、カウチ

　おかしな教授の話をするなら、私の大のお気に入りの人物——図書館を別宅のようにしている政治学の教授についても、お話ししなくてはなりません。先日は、テニスの靴を枕にして、座り心地のいい長椅子の一つに手足を伸ばして昼寝しているのを見掛けました。
　一緒に働いている学生の何人かに、最近、図書館で笑えることは何かと聞

"㉑hoverboards." People ride these little ㉒motorized boards around and you ㉓can't help but wonder, why don't they just walk?

When work gets boring, I just take a look around. There's always something interesting that may bring a little fun and laughter into the day.

March 2016

㉑ hoverboard　ホバーボード
　★SF映画などに出てくる、浮遊したまま
　進むスケートボードを模した乗り物。

㉒ motorized　モーター付きの、電動の
㉓ can't help but do　〜せずにはいられな
　い、どうしても〜してしまう

いてみました。何人かが答えたのが「ホバーボード」です。この、モーターを
備えた小さな板を乗り回す人たちがいるのですが、歩けばいいだけじゃない？
と思わずにはいられません。
　仕事が退屈になってくると、私はちょっと辺りを見回します。退屈な日に
いくらかの楽しさと笑いをもたらしてくれそうな、興味深いものが必ずある
のです。

True/False Review　内容理解クイズ　　解答と日本語訳 ▶ p. 218

エッセイの内容と合っていれば **T**(True)を、違っていれば **F**(False)を選びましょう。

1. Hetherly says that it's a bit strange to see younger women wearing their hair in a bun.　**T / F**

2. According to Hetherly, it's not uncommon to see a student wearing a pair of shorts with a heavy sweater.　**T / F**

Tiny House, Big Life

小さな家、ゆとりある生活

✳

アメリカの住居は「大きい」「広い」と思われがちですが、
近年「小さな家を好む」傾向も見られるようです。
不要なものを片付け、シンプルに暮らすことへの願望が、
洋の東西を問わず強くなってきているのかもしれません。

Most Japanese probably imagine Americans living in big houses, while most Americans ❶picture Japanese in small apartments. But ❷there's more to the picture. I've been in beautiful, large homes in Japan and tiny American houses and apartments as well. In fact, I've lived in very small apartments in both countries and

---

❶ picture　～を思い描く
　★次行の picture は名詞で「状況、事態、全体像」の意。

❷ there is more to ～　～にはさらなる事情がある

大抵の日本人がおそらく、アメリカ人は大きな家に住んでいると思うのでしょうが、一方で大抵のアメリカ人は、日本人が小さなアパートに住んでいるのだろうと想像します。けれども、実情はもっと複雑です。私は日本できれいな広い家に行ったこともあれば、アメリカで狭い家やアパートに行ったこともあります。実は、両方の国で、すごく狭いアパートに住んだことがあ

have enjoyed them for the most part. They were ❸cozy and easy to clean!

Even so, plenty of Americans would not give up their big houses for a small apartment. But here's what's interesting: There's also a growing trend in the U.S. toward smaller houses.

---

❸ cozy　居心地が良い、くつろげる

るのですが、おおむねそんな住まいを楽しみました。居心地が良くて、掃除も楽でしたね！
　とはいえ、多くのアメリカ人は、大きな家を手放してまで、小さなアパートに住もうとはしないでしょう。ところが面白いことに、アメリカで、より小さな家を好む傾向が強くなっているのです。

The tiny house movement interests me because it's not just about houses. It's also about quality of life. Tiny houses are ❹typically from 100 to 400 ❺square feet and built in many creative ways to use space and energy ❻efficiently. Some are ❼on wheels, some are on land in beautiful places, and some are built as part of a community. In ❽Austin, near where I live, there's a community called ❾Bestie Row, where a group of best friends built several tiny houses so they could live together but in their own private little houses. How cool is that?

---

❹ typically　通常は、概して
❺ square feet　平方フィート
　★100〜400平方フィートは、約9.3〜
　37.2平方メートルに相当。
❻ efficiently　効率的に
❼ on wheels　車輪付きの、車に乗った

❽ Austin　オースティン
　★テキサス州の州都。
❾ Bestie Row　ベスティー・ロウ
　★bestie は「親友」、row は「家並み」の
　意。オースティンの郊外の山中に、4組の
　友人夫婦が家を建ててつくった共同体。

　この、小さな家に住もうという運動について面白いと思うのは、それが家
だけの問題ではないからです。生活の質にも関わっているのです。小さな家
というのは、通例、100から400平方フィートで、空間やエネルギーを効率
的に利用するために多くの創造的な工夫を施して建てられます。車輪付きの
家もあれば、美しい環境下の土地に建てられた家、そして共同体の一部を成
すものとして建てられた家もあります。私の住まいに近いオースティンに、
ベスティー・ロウと呼ばれる共同体があり、そこでは、仲の良い友人のグルー
プが何軒か小さな家を建てて、共同生活を営みながらも個別のささやかな住
まいを確保しているのです。とてもすてきじゃありませんか？

People decide to live in tiny houses for different reasons. If I did it, my goals would be to **⑩**get rid of all the **⑪**stuff I don't absolutely need and have lower **⑫**living expenses — basically, in the words of **⑬**Henry David Thoreau, to "**⑭**simplify" and "live **⑮**deliberately." That would mean more time for reading, being with friends and dogs, and working freelance rather than **⑯**being stuck in the **⑰**dreaded 40-hour **⑱**workweek.

How often have you heard someone say, "I need to **⑲**clean out my closet. I have so many clothes I never wear but just can't seem to get rid of them"? Actually,

---

⑩ get rid of ~　～を取り除く、～を捨てる
⑪ stuff　物、物品
⑫ living expenses　生活費
⑬ Henry David Thoreau　ヘンリー・デービッド・ソロー　★(1817-62)。アメリカの思想家、随筆家。超越主義を唱えたアメリカの思想家エマーソンの影響を受け、ウォールデン湖畔で自給自足の暮ら

しを送り、その経験を基に『ウォールデン　森の生活』(1854) を著した。
⑭ simplify　～を簡素化する
⑮ deliberately　慎重に、ゆっくりと
⑯ be stuck　動けなくなる、はまり込む
⑰ dreaded　嫌われている、非常に恐ろしい
⑱ workweek　1週間の労働時間
⑲ clean out ~　～の中を片付ける

　小さな家に住もうと決心する理由は、人それぞれです。もしも私がその決心をするなら、目標は、絶対に必要というわけではないものを全部処分して、生活費を抑えることでしょうね——基本的には、ヘンリー・デービッド・ソローが言うところの「簡潔を旨とし」、「じっくりと暮らす」ということになります。そうすれば、本を読んだり、友人や犬と一緒に過ごしたり、ぞっとするような週40時間労働の日々にはまり込まずにフリーランスで働いたりする、時間のゆとりが生まれるでしょう。
　人が「クローゼットを片付けなきゃ。全然着ない服が山ほどあるのに、どうしても捨てられない気がするの」と言うのを、しょっちゅう耳にしてきたで

I've been thinking that for several years now. And that's one of the beauties of a tiny house. You just do it: get rid of the extra clothes, kitchen stuff, and whatever else has been [20]sitting unused in a room or closet or [21]drawer over the years.

Of course, you still need a space to build a tiny

---

[20] sit unused　使われないままになっている
[21] drawer　引き出し

しょう？　実は私もこの何年か、そんなことを考えてきました。そしてそこが、小さな家の美点の一つなのです。とにかく、そうするしかない。つまり、余分な衣類や台所用品、そのほか何でも、部屋やクローゼットや引き出しの中に、何年間も使わずにしまいっぱなしになっているものを、処分するしかないのです。

　もちろん、小さな家を建てるのにも、空間は必要です。私たちの多くには、

house. Many of us, especially those living in cities, don't have that ^㉒option. But even if you don't, there's something to learn and ^㉓appreciate in the philosophy of tiny house living. It might even lead to getting those closets and drawers cleaned out — finally!

June 2016

㉒ option　選択できるもの、選択肢　　㉓ appreciate　〜の真価を認める、〜を正しく理解する

> 特に都会に住んでいる人には、その選択肢はありません。でも、たとえそうであっても、小さな家に住むという哲学には、学ぶべき点、価値を認めるべき点があります。クローゼットや引き出しの片付けができるようになるかもしれませんからね——やっとのことで！

True/False Review　内容理解クイズ　　⋮ 解答と日本語訳 ▶ p. 218

エッセイの内容と合っていれば **T**（True）を、違っていれば **F**（False）を選びましょう。

1. Hetherly says that she has never lived in a small apartment in the U.S.　**T / F**

2. According to Hetherly, having a smaller place pushes you to get rid of unused items.　**T / F**

Honoring Our Loved Ones

愛した人たちへの敬意

❉

大切な人を失った悲しみと、それにまつわる儀式についての文章です。
文化によってさまざまな葬儀や行事がありますが、
悲嘆や喪失感という個人的な感情と向き合う上で必要な
「慰め」「つながり」を体現している点は、共通していると言えそうです。

Summer always ❶reminds me of festivals in Japan and, of course, *obon*. I like the way Japanese honor loved ones they've lost with ❷lively music, dancing, and ❸lanterns floated down the river. In the U.S., we don't have anything like *obon* or the series of ❹anniversaries many Japanese ❺observe after a ❻funeral. Here, people

---

Title honor　〜に敬意を表す、〜を尊敬する
Title loved one　最愛の人、大切な人、故人
❶ remind A of B　AにBを思い出させる
❷ lively　元気な、陽気な
❸ lantern　ランタン、ちょうちん

❹ anniversary　記念行事、年忌
❺ observe　〜（習慣など）を守る、〜（儀式など）を行う
❻ funeral　葬儀
　★ = funeral service。

夏になるといつも、日本のお祭りを、そしてもちろん、お盆を思い出します。私は日本人が、活気のある音楽や踊り、それに川面を流れゆく灯籠で、失った大切な人たちに敬意を払っているのが好きです。アメリカには、お盆や、多くの日本人が葬儀の後に行う一連の年忌法要のようなものがありません。

think about death in a lot of different ways, so we have fewer shared customs. Even at a church funeral [7]service, there are sure to be those who believe [8]the deceased is with God in heaven, those who believe there's nothing after death, and those who simply don't know.

---

[7] service （宗教の）儀式、礼拝
[8] the deceased　故人、死者

こちらでは死に対する考え方が多種多様なので、共通する習慣が日本より少ないのです。教会での葬儀の場にさえ、故人が神とともに天国にいると信じる人もいれば、死後の世界などないと信じる人や、単にわからないと思っている人も、間違いなくいるのです。

Funerals don't follow a [9]set pattern in the U.S. either. In Japan, I knew exactly what to wear, what not to wear, and how to behave at a funeral or [10]wake by following the example of others. There's [11]comfort in knowing what to expect and following [12]rituals. Here, the majority of funeral services are held in a church, but some families hold informal [13]gatherings at home, another public location, or outside. [14]Typically, there's no [15]dress code, even at a church service — people wear jeans, formal black clothing, or any color they like. Some avoid black because they feel it's [16]gloomy.

---

[9] set　規定の、決まった
[10] wake　通夜
[11] comfort　気持ちが楽になること、慰め
　★p. 43、下から4行目のcomforting
　は形容詞で「気持ちが安らぐ、慰めとな
　る」の意。

[12] ritual　儀式、しきたり
　★p. 44、2行目のritualは形容詞で「し
　きたりによる」の意。
[13] gathering　集会、集まり
[14] typically　通常は、概して
[15] dress code　ドレスコード、服装規制
[16] gloomy　陰鬱な

　葬儀も、アメリカでは決まった様式にのっとって行われるわけではありません。日本では、ほかの人の例に倣うことで、葬儀や通夜で何を着るべきで何を着るべきでないか、どのように振る舞うべきかが、はっきりとわかりました。次に何があるのかがわかっていて、決まったやり方に従えばいいというのは、気が楽です。ここアメリカでは、葬儀の大半が教会で行われますが、家族によっては、打ち解けた集まりを、自宅やそれ以外の公共施設、あるいは屋外で開くこともあります。一般的に、教会での儀式であっても服装の規定はありません――ジーンズをはく人もいれば、フォーマルな黒い服や、好みの色の服を着る人もいます。中には、陰鬱に感じるからという理由で黒衣を避ける人もいます。

Last year, I attended a large church service where the man who had died decided everything — before he died, of course. He chose the music, the minister's **❼**readings, and who would speak **❽**in remembrance of him, mostly his good friends. It was lovely — more a **❾**celebration of his life than an occasion to **❿**mourn his **㉑**passing, though of course there was sadness as well. That kind of service can be greatly comforting for friends and family.

Once the funeral is over, though, people may feel quite alone. The days, weeks, and months after a death

---

❼ reading　朗読
　★ここでは「聖書の朗読箇所」の意。
❽ in remembrance of ~　～を思い出して
❾ celebration　祝うこと、祝賀
❿ mourn　～を悼む、～を悲しむ
㉑ passing　死
　★death の遠回しな言い方。

去年、教会での大規模な葬儀に参列したのですが、それは、故人がすべてを決めたものでした——もちろん生前です。音楽を、牧師の朗読箇所を、そして主に親友らの中から彼の思い出を語ってくれる人物を、本人が選んでいたのです。すてきでしたよ——彼が亡くなったことを悲しむ場というよりも、彼の人生を祝福する場のようでした。もちろん、そこには悲しみもありましたが。このような葬儀は、友人たちや家族にとって、大きな慰めとなり得るものでしょう。
　けれども、ひとたび葬儀が終わると、人々はひしひしと孤独を感じるかもしれません。人が亡くなった後の数日、数週、数カ月は、残された者にとって、

can be **㉒extremely** difficult for those **㉓left** behind.
That's where I imagine ritual anniversaries and
celebrations like *obon* could be especially nice. Still, with
or without formal ceremonies, friends and individual
family members often play a big role during that time,
helping others **㉔deal** with the loss. I've often had to
think about how to help **㉕grieving** friends and family,
and it's never easy to know exactly how to do that.

㉒ extremely　極めて
㉓ leave ~ behind　〜を置き去りにする

㉔ deal with ~　〜に取り組む、〜と折り合いをつける
㉕ grieve　嘆き悲しむ

とてつもなく困難な時間になることがあります。そんなときに、お盆のような儀礼的な法要や祭事が、特にありがたいものになるのではないかと想像します。それでも、形式上の儀式があろうとなかろうと、そのような時期に友人や家族の一人一人が大きな役割を果たし、喪失感と向き合うほかの人たちの助けになることはよくあります。私には、悲嘆に暮れる友人や家族をどのように助けたらいいかを考えなければならない機会がたびたびあったのですが、明確にどうすればよいと、たやすくわかるものではありません。

Grieving is personal, no matter where you come from or what you believe. We find comfort and connections where we can, whether in singing and dancing, praying, visiting a [26]gravesite, having dinner with close friends, or floating lanterns down a timeless river.

August 2016

---

[26] gravesite　墓地

> 　出身地や信条にかかわらず、悲しみは個人的なものです。私たちは、可能な機会を見つけては、慰めやつながりを感じるのです。それが歌い踊ることであろうと、祈ることであろうと、お墓参りをすることであろうと、親しい友人らとの会食であろうと、あるいは永遠に流れる川に灯籠を浮かべることであろうと。

True/False Review　内容理解クイズ　　解答と日本語訳 ▶ p. 218

エッセイの内容と合っていれば **T**(True)を、違っていれば **F**(False)を選びましょう。

1. According to Hetherly, Americans have a strict dress code at funerals.　**T / F**

2. Hetherly says that the period after a death may be especially difficult for the bereaved.　**T / F**

🔊 06

True Gifts

本当の贈り物

※

年々、熱狂度が増すアメリカのクリスマス商戦。
その喧噪の中、ヘザリさんが懐かしく思い出すエピソードや、
今も大切にしている贈り物について語った文章です。
あなたにとっての「心に残る贈り物」を思い出しながらどうぞ！

As Christmas approaches once again, it's good to remember what's truly important. The fact is Christmas has ❶gone a little crazy in the U.S., but there are ways to ❷keep it real.

Here's the problem. Christmas season starts earlier and earlier each year and for one reason only — so

---

❶ go crazy　すごいことになる、狂騒状態　❷ keep ~ real　〜の本来の姿を見失わない
になる

今年もまた、クリスマスが近づいてきましたね。この時期に、本当に大切
なことは何かを思い出しておくのもいいでしょう。実はアメリカのクリスマ
スは、ちょっとした熱狂状態になってきているのですが、本来の在り方を見
失わない方法があるのです。
　問題は、こういうことです。クリスマスシーズンの始まりが、年を追うごと
に早まっているのですが、それはひとえに——その方が、店はより多くの商

stores can sell more ❸stuff. As soon as ❹Halloween is
over, stores everywhere ❺rush to put out Christmas
decorations and the ❻physical and ❼cyber sales begin.
In the past, the big shopping season started after
❽Thanksgiving, a day that's traditionally about eating a
delicious meal, spending time with family or friends,

---

❸ stuff　物品
❹ Halloween　ハロウィーン
　　★10月31日。万聖節の前夜祭。秋の収
　　穫を祝い、悪霊を追い出す祭り。
❺ rush to do　急いで〜する
❻ physical sale　実店舗での特売
❼ cyber sale　サイバーセール、オンライン
　　ストアの特売

★アメリカでは感謝祭（次項参照）の翌
週の月曜日は Cyber Monday と呼ば
れ、オンラインストアの利用者が増える。
❽ Thanksgiving (Day)　感謝祭（の日）
　　★神に収穫を感謝する祝日。アメリカで
　　は11月の第4木曜日。

品を売ることができるからです。ハロウィーンが終わるとすぐに、そこら中
の店が急いでクリスマスの飾り付けを施し、実店舗やオンラインショップの
セールが始まります。かつて、本格的なショッピングシーズンが始まるのは
感謝祭の後でした。感謝祭とは伝統的に、ごちそうを食べ、家族や友人と過

and being thankful for what we already have. Most stores closed to **⑨**honor that tradition, but the latest trend is Christmas sales on Thanksgiving Day. That means instead of relaxing at home, a lot of people have to work while others **⑩**rush out for some **⑪**frenzied shopping.

Gift-giving itself is not a bad thing, but sales and shopping **⑫**threaten to **⑬**take over Christmas. It's funny, though. When I think back on Christmases past, I remember very few of the gifts I gave or got. What I remember most **⑭**fondly are traditions, like hot

---

❾ honor 〜に敬意を表す
❿ rush out 急いで出て行く
⓫ frenzied 熱狂した

⓬ threaten to do 〜する兆候を示す
⓭ take over 〜 〜を奪い取る
⓮ fondly 愛情深く、優しく

ごし、(人との絆も含めた) すでに持っているものに感謝する日です。以前は
ほとんどの店が、その伝統を尊重して休業したのですが、最近の傾向では、
クリスマスセールが感謝祭の日にも行われるのです。つまり、家でくつろぐ
代わりに、多くの人が働かなければならず、そのほかの人は、熱狂的な買い
物に急ぎ足で出掛けることになるわけです。
　贈り物をすること自体は悪くないのですが、セールと買い物がクリスマス
を乗っ取ってしまう勢いなのです。でも、おかしいんですよね。過去のクリ
スマスを振り返ってみると、人にあげたり人からもらったりしたもののほと
んどを、覚えていません。一番いとおしく思い出されるのは、クリスマスの

chocolate and cinnamon toast on Christmas morning
and the giant [15]Hershey bars my sister and I got every
year in our [16]stockings. A newer tradition for me is
making [17]tamales with a close friend and her daughter
on Christmas Day.

[18]Come to think of it, food, and especially sharing
food, is a great and memorable gift. I love the Japanese
custom of eating cake with loved ones on Christmas Eve.

Homemade gifts are special, too. One year, a friend
stopped by my house with a small package of chocolate
[19]biscotti that she had made. It was so thoughtful — and

---

[15] Hershey bar　ハーシーバー
★アメリカのハーシー社製のチョコレートバー。

[16] stocking　靴下（の片方）
★子どもたちにとっての、クリスマスの象徴の一つ。

[17] tamale　タマーリ
★トウモロコシの粉やひき肉などを、トウモロコシの皮で包んで蒸したメキシコ料理。

[18] come to think of it　考えてみると

[19] biscotti　ビスコッティ
★イタリア由来の、ナッツなどが入ったクッキー。

朝のココアとシナモントーストや、毎年、姉と私の靴下に入っていた巨大なハーシーバーのような、昔からの慣習に根差したものです。私にとっての新しい慣習は、クリスマスの日に、親友とその娘さんと一緒にタマーリを作ることです。

　考えてみると、食べ物、特に食べ物を人と分かち合うことは、心に残るすてきな贈り物です。クリスマスイブに愛する人たちと一緒にケーキを食べる、という日本の習慣も、私は大好きです。

　手作りの贈り物もまた、格別ですよね。ある年、手作りのチョコレートビスコッティが入った小さな包みを持って、私の家に立ち寄ってくれた友人がい

delicious! One of my favorite gifts ever is a small wooden box with a magazine picture of homemade bread [20]shellacked to the top. A friend made it for me in junior high, and it still holds recipes I've been cooking since that time — and lots of new ones. My recipe box even traveled with me to Japan when I lived there and back to Texas.

---

[20] shellac　〜にシェラックニスを塗る
★シェラックニスは、つや出し加工など
に用いられる塗料。

ました。とても心がこもっていました──それにおいしかった！　これまで
にもらったお気に入りの贈り物の一つは、自家製パンを写した雑誌の写真を
シェラックニスでふたの上に貼り付けた、小さな木箱です。ある友人が、中
学時代に私のために作ってくれたのですが、今でも、その頃から作っている
料理のレシピを──そして新しいレシピもたくさん、それに入れてあります。
私のレシピ箱は、私が日本に暮らしていたときには一緒に日本へ渡り、そし
てテキサスへ一緒に戻ってきました。

A lot of us don't have time to make presents or [21]bake, but we can all give the gift of love, friendship, or laughter in some small way. Meaningful time spent with those we [22]care about is a gift that will never break, get old, or be forgotten.

December 2016

---

❷❶ bake　パンや菓子などを（オーブンで）焼く

❷❷ care about ~　～に関心を持つ、～を大切にする

> 　多くの人には、プレゼントを作ったり、お菓子を焼いたりする時間はありませんが、誰でも何らかのささやかな形で、愛情や友情、もしくは笑いのこもった贈り物をすることはできます。大切な人たちと過ごす意義深い時間は、決して壊れず、古びず、忘れられることのない贈り物なのです。

True/False Review　内容理解クイズ

解答と日本語訳 ▶ p. 219

エッセイの内容と合っていれば **T**（True）を、違っていれば **F**（False）を選びましょう。

1. According to Hetherly, the Christmas shopping season has been extended.　**T / F**

2. Hetherly says that her favorite gift was a small wooden recipe box that a friend bought for her.　**T / F**

Chapter

2

「日本的」?
「アメリカ的」?

07

Women Only?

女性専用？

❋

男女の平等を保障する日本国憲法第24条の成り立ちに興味を覚えた
ヘザリさんは、あるドキュメンタリーを見に行き、感銘を受けます。
その帰りに目にした「女性専用」の表示から、新たな考察が始まります。
ヘザリさんがそこに感じた引っ掛かりとは？

I like being a woman. But that's because a lot of our
mothers and grandmothers helped ❶clear the way for
their daughters.

Women's history tells that story, too. American
women ❷struggled for almost 150 years to win the right
to vote in 1920. And that was just the beginning.

---

❶ clear the way for ~　～のために道を拓
く、～にとっての障害を取り除く

❷ struggle　もがく、苦闘する
★p. 55、2行目およびp. 56、下から2
行目のstruggleは名詞で「苦闘、努力」
の意。

私は女性であることが好きです。けれどもそれは、私たちの母親や祖母の
多くが、娘たちのために道を拓くのに貢献してくれたからです。
　女性の歴史を見ても、それは明らかです。アメリカの女性は、1920年に選
挙権を得るまでに、150年近くも奮闘しました。そしてそれは始まりにすぎ

Japanese women have had their own continuing struggle. In fact, there's been a lot of talk recently about changing Article 24 of ❸the Japanese Constitution, which ❹guarantees ❺gender equality. Some politicians believe women's equality ❻hurts the family and want to ❼limit gender roles again. But for a lot of families, that

---

❸ the Japanese Constitution　日本国憲法
　★正式な英語名はthe Constitution of
　Japan。
❹ guarantee　〜を保証する、〜を保障する
❺ gender equality　男女の平等

★genderは「(社会的・文化的) 性」、
equalityは「平等」の意。p. 56、下から
5行目のequalは形容詞で「平等な」の意。
❻ hurt　〜を損なう、〜に害を及ぼす
❼ limit　〜を制限する

ませんでした。日本の女性も、彼女たち自身の戦いを続けてきました。実際、
男女の平等を保障する日本国憲法第24条の変更について、最近、大いに議
論されています。一部の政治家が、女性 (と男性) の平等が家族の在り方を
揺るがすと考え、性による役割分担を再び規定したがっているのです。けれ
どもそんなことをしたら、多くの家族にとって、大きく一歩後退することになっ

would mean a big step [8]backwards.

I was interested in the story behind Article 24 and went to see a documentary about it. [9]Beate Sirota Gordon, the only woman on the constitution writing team after World War II, made sure gender equality was included. The film showed interviews with Japanese women who worked hard to [10]make equal opportunity a reality in the years after the war. These strong, [11]articulate women in the world of business, politics, and [12]academia told of their personal struggles, all so necessary for giving Japanese women more choices

---

[8] backwards　後方に、逆行して
　★= backward。
[9] Beate Sirota Gordon　ベアテ・シロタ・
　ゴードン
　★(1923- 2012)。アメリカの舞台芸術
　監督。ピアニストの父とともに幼少期に
　来日。1945 年、GHQ のメンバーとして、

日本国憲法の人権条項の草案作成に携
わる。
[10] make ~ a reality　~を実現する
[11] articulate　考えをはっきり述べられる、
　言語明晰な
[12] academia　学究的世界

てしまうでしょう。
　私は第24条の背景にある物語に興味を持ち、それに関するあるドキュメ
ンタリーを見に行きました。第2次世界大戦後にできた憲法法案作成チーム
の唯一の女性、ベアテ・シロタ・ゴードンが、男女の平等が確実に憲法に盛
り込まれるようにしてくれたのです。その（ドキュメンタリー）映画の中で、
戦後、何年もの間、平等な機会を現実のものにしようと尽力した日本人女性
たちのインタビューがありました。強い信念を持ち、それを明確に伝える、実
業界や政界、学界のこれらの女性たちは、それぞれにとっての苦難を語って
おり、それはすべて、今日の日本の女性に、旧世代よりも多くの選択肢を与

today than in previous generations. I left the theater feeling ⓫inspired and ⓬grateful, and ⓭headed for the subway.

That's when I saw the huge pink signs. "Women Only" was written in a ⓰feminine ⓱script surrounded by flowers. The train line I've been riding since 1991 was starting a new service: women only cars during rush hour. This idea was not new to me. I've been reading about it and even using it as a writing and discussion topic with my students for years. But seeing those signs on my own line was more of a shock than I expected.

⓭ inspire　〜を激励する、〜を鼓舞する
⓮ grateful　感謝に満ちた
⓯ head for 〜　〜へ向かう

⓰ feminine　女性の、女らしい
⓱ script　文字、書体、字体

えるためにぜひとも必要なことだったのです。私は気持ちを強く動かされ、感謝に満ちて映画館を後にし、地下鉄に向かいました。
　そのときです、ピンク色の、大きな表示が目に入ってきたのは。花の模様に縁取られ、女性らしい字体で「女性専用」と書いてありました。私が1991年から利用してきた路線が、ラッシュアワーの女性専用車両という、新しいサービスを始めようとしていました。これは、私にとって新しい話というわけではありませんでした。関連記事は読んでいましたし、何年もの間、（授業で）学生の作文やディスカッションのテーマとしても取り上げてきたぐらいです。でも、いざ自分が使っている電車でそうした表示を目にすると、予想していた以上にショックだったのです。

I understand why some women want their own space. They want to avoid ⑱unwelcome touching, especially since Japanese are often expected to ⑲endure what's ⑳unpleasant rather than ㉑resist. But the whole campaign, with its pink flowers and feminine writing, seems to suggest that women are so delicate they need special protection. That ㉒reminds me of an old idea women have worked hard to change: that women are

---

⑱ unwelcome　ありがたくない、嫌な
⑲ endure　〜に耐える、〜に辛抱する
⑳ unpleasant　不愉快な、嫌な

㉑ resist　〜に抵抗する、〜に反抗する
㉒ remind A of B　AにBを思い出させる

　自分たちだけのスペースが欲しい女性もいることの理由はわかります。不快な接触を避けたいんですよね。特に日本人の場合、不愉快なことに対して抵抗するよりも耐えるよう求められることがよくあるので。でも、ピンクの花柄や女性的な字体など、そのキャンペーン全体が、女性はとてもデリケートなので特別な保護が必要だ、と提言しているように思えるのです。そのメッセージから私は、女性が変えようと一生懸命戦ってきた昔ながらの考え方、

the weaker sex, whose place is in the home where it's safe.

Being ❷❸groped is unpleasant. But often a simple
❷❹dirty look is enough to ❷❺scare this kind of ❷❻coward.
Shouldn't we encourage young women to show their
strength rather than asking for special treatment?
I think we ❷❼owe it to our mothers and grandmothers
before us.

August 2005

---

❷❸ grope 〜の体をまさぐる
❷❹ dirty look 怒った顔、敵意に満ちた視線
❷❺ scare 〜を怖がらせる

❷❻ coward 臆病者
❷❼ owe A to B A（報いるべき恩義など）を
B に負っている、A を B に返す義務がある

つまり、女性は弱い性だから安全な家の中にいるのがよい、とする考え方を
連想してしまいます。
　体を触られるのは不快です。でも、ただ怒りを込めて見るだけで、この種
の臆病者は簡単におじけづくことがよくあります。特別扱いを求めるよりも、
自分の強さを示すよう、若い女性を励ますべきではないでしょうか？　私た
ちの先を歩んだ母や祖母に対して、そうする義務があると私は思うのです。

※ p. 108 に、このエッセイへのヘザリさんの付記を掲載しています。

True/False Review　内容理解クイズ　解答と日本語訳 ▶ p. 219

エッセイの内容と合っていれば **T**（True）を、違っていれば **F**（False）を選びましょう。

1. Hetherly says that changing Article 24 would be a big step
forward for a lot of families.　**T / F**

2. According to Hetherly, having women only cars might be
associated with an outmoded idea.　**T / F**

08

When America Looks Like Japan

アメリカ が 日本 に 見える とき

※

日本的だと思っていた現象を、アメリカでも頻繁に目にする——
そんな例を紹介したエッセイです。
「周囲に合わせる」「目立つのを嫌う」傾向が
日本特有だと思っている人には、意外な発見がありそうです。

You go to a party and the men and women are in separate groups. Or you feel strange in a crowd because you're the only one who's different. Am I talking about Japan or the U.S.? Actually, both. Sometimes the U.S. and Japan are a lot closer than I thought.

I was ❶struck by how separate the world of men and women often was in Japan. We teachers would ❷throw a

---

❶ strike ～の心を打つ
❷ throw a party パーティーを催す

パーティーに行くと男性と女性が別々に分かれている。あるいは集団の中で、あなただけが周りの人と違うので変な気持になる。これは日本の話でしょうか、それともアメリカの話でしょうか？ 実は両方であることなんです。アメリカと日本は時に、私が思っていたよりもずっと似ていることがあります。
　日本では、男性と女性の世界がはっきり分かれていることがよくあるのが印象的でした。私たち教師が学生のためにパーティーを開くと、彼らは男女

party for our students, and the girls and boys would sit on opposite sides of the room. In the business world, too, a lot of men go out after work together, while their wives have a separate social life with other women. I thought this gender separation was a Japanese ❸tendency, but now I notice it here, too, ❹fairly often.

---

❸ tendency　傾向、風潮
❹ fairly　かなり、相当に

に分かれて部屋のそれぞれ別の側に座ったものです。ビジネスの世界も同じで、多くの男性が仕事の後に連れ立って飲みに行くのに対して、妻たちにはそれとは別に女性同士のお付き合いがあります。このような男女の分離は日本ならではの傾向だと思っていましたが、今では、ここアメリカでもかなり頻繁に同じ状態が起きていることに気付きます。例えば、ある友達の家でテキサ

At a friend's Texas family **❺**reunion, for example, all the guys drank beer and played **❻**horseshoes while the women cooked or chatted and played cards. Of course I enjoyed being with the women, but as a girl who grew up playing football with the neighborhood boys, I would have liked to play horseshoes with the guys. I **❼**conformed, though, and **❽**stuck with the women.

A lot of people **❾**associate conformity with Japan. That old "**❿**nail that sticks up gets hammered down" idea. America, on the other hand, is the "be yourself" and "**⓫**celebrate difference" culture. But the fact is

---

❺ reunion 再会、親睦会
❻ horseshoes 蹄鉄投げ遊び
　★輪投げのような遊び。この意味では通例、複数形。
❼ conform 順応する、同調する
　★次行のconformityは名詞で「順応、調和」の意
❽ stick with ~ ～と一緒にいる

❾ associate A with B　AをBと結び付けて考える
❿ (The) nail that sticks up gets hammered down. 出る杭は打たれる。
　★ことわざ。nailは「くぎ、びょう」、stick upは「上に突き出る」の意。
⓫ celebrate ～を褒めたたえる、～を称賛する

スに住む家族の親睦会があったとき、男性陣がみんなビールを飲んで蹄鉄投げ遊びに興じていた一方で、女性陣は料理をしたりおしゃべりをしたりして、その後はトランプ。もちろん女性同士で過ごすのも楽しかったのですが、近所の男の子たちとフットボールをして育った私は、男性に交じって蹄鉄投げをしたかったな、とも思うのです。でも周りに合わせて、女性たちと一緒にいたのでした。

　多くの人が、同調というと日本を連想します。例の「出る杭は打たれる」の考えですね。一方アメリカはというと、「自分らしくあれ」とか「違いを褒めたたえる」という文化です。でも実際にはアメリカでも、人に合わせてほか

there's a lot of pressure to conform and be like everyone else here as well. Just the other day, I went to a [12]5K run in a small Texas town. About 200 people showed up. Before the run started, an announcer [13]led a Christian prayer, and then everyone put their hands over their hearts and sang the [14]national anthem. As someone who is not religious and doesn't especially like public [15]patriotism, I didn't participate in the prayer or the song. But it seemed like I was the only one, and it felt pretty uncomfortable. One of the other runners even [16]frowned at me!

---

[12] 5K run　5キロマラソン
[13] lead a prayer　祈りを先導する
　★prayerは「祈り」の意。

[14] national anthem　国歌
[15] patriotism　愛国心
[16] frown at ~　顔をしかめて~を見る

のみんなと同じようにしなければ、というプレッシャーが大いにあるものなのです。ついこの間、テキサスの小さな町で5キロマラソンに参加しました。200人ぐらいの人が集まって来ました。マラソンが始まる前に、アナウンサーが先頭を切ってキリスト教の祈りの言葉を唱え、それからみんなが胸に手を当てて国歌を歌ったのです。信心深くなく、公式行事での愛国心が特に好きでない私は、祈りにも国歌にも参加しませんでした。でもそんな人は私一人だったようで、かなり居心地が悪かったのです。ランナーの中には私に向かって顔をしかめる人までいたぐらいですから！

In Japan, I was careful to watch the people around me so I wouldn't break any important social rules. I sure didn't expect to be doing the same thing in my own culture, but here I am doing it. The truth is I've never

日本では、社会の大切なルールを破らないように、周囲の人々の様子を注意深く見ていました。自分自身の文化の中で同じことをするようになるとは、もちろん予想していませんでしたが、ここアメリカでまさにそれをしている

liked being the one who ⓘ sticks out, and I ⓘ suspect a lot of other Americans feel the same way.

September 2008

ⓘ stick out　目立つ

ⓘ suspect (that) ...　……ではないかと思う、……だろうと思う

のです。実のところ、私は目立つのが好きだったことは一度もないですし、ほかの多くのアメリカ人も同じように感じているのではないでしょうか。

True/False Review　内容理解クイズ ┊ 解答と日本語訳 ▶ p. 219

エッセイの内容と合っていれば **T**(True)を、違っていれば **F**(False)を選びましょう。

1. Hetherly says that Japan and the U.S. have a lot more in common than she thought.　**T / F**

2. Hetherly says that she ended up playing horseshoes with the guys rather than playing cards with the women.　**T / F**

09

Spring in the Air

春が漂う頃

✳

日本では「桜」や「始まり」を連想させる４月ですが、
アメリカではかなり異なったイメージがあるようです。
年度の違いや、有名な英語の表現を紹介しながら、
日米それぞれにおける「４月」について掘り下げた文章です。

One of my first memories of Japan is partying under the cherry trees in Kyoto. I can't remember exactly what we ate and drank, but I remember everything was delicious and very Japanese. Since that *hanami* party, about 20 years ago, I've often thought of April in Japan and how different it is from our April here in the U.S.

　私の日本にまつわる最初の頃の思い出の一つが、京都の桜の木の下で宴会をしたことです。何を食べたり飲んだりしたのか正確に思い出せないのですが、何もかもがおいしくて、とても日本的だったことを覚えています。20年ほど前のそのお花見以来、日本の４月を思い出しては、ここアメリカの４月となんて違うんだろうと思うことがよくあります。

I always loved that school starts in Japan when cherry trees are ❶in full bloom. What better way to begin a new school year or a new job? It doesn't really matter that in a couple of months, students will be tired of going to class and new employees will probably be ❷exhausted from their jobs. April ❸is all about ❹starting

---

❶ in full bloom　花盛りで
❷ exhausted　へとへとになった、消耗した

❸ be all about ～　重要なのは～である、要するに～に尽きる
❹ start fresh　やり直す、再開する

　日本では桜が満開の頃に学校が始まるなんて、すごくすてきだな、といつも思っていました。新しい学年や仕事を始めるのに、これ以上素晴らしい時があるでしょうか？ ２、３カ月したら、学生は授業に出るのにうんざりし、新入社員はおそらく仕事でくたくたになっているのでしょうけれど、そんなことは大した問題ではありません。重要なのは、４月が新しいスタートを切り、

fresh and hoping for the best.

❺Meanwhile in the U.S., the school year is ❻winding down in April. Spring Break is over, and most students and teachers want May to hurry up because that's when classes end and ❼seniors graduate. April has no special ❽significance for people in the ❾workforce either. Of course, it is the beginning of spring, and most people are happy about the warmer weather. But, in fact, the two most famous expressions about April are not so ❿cheery.

The first, "April showers bring May flowers," is

---

❺ meanwhile　それに対し、一方
❻ wind down　だんだん終わりに近づく
❼ senior　（高校や大学の）最上級生
❽ significance　意味、重大性
❾ workforce　労働人口、労働力
❿ cheery　陽気な、元気の良い

うまくいくように願う時である、ということなのです。
　それに対してアメリカでは、4月になると学年の終わりに近づきます。春休みが終わり、大部分の学生や教師が、早く5月が来てくれないかと思う頃です。授業が終わり、高校や大学の最上級生が卒業するのが5月なのです。働く人にとっても、4月は特別な意味を持ちません。もちろん、4月は春の始まりで、大半の人が天候が暖かくなってくるのを喜びます。けれども実は、4月にまつわる最も有名な2つの表現は、あまり明るいものではありません。
　1つ目の「4月のにわか雨は5月の花を連れてくる」は、少なくとも希望を

hopeful at least. The literal meaning is simply that we need the rain in April so flowers will bloom in May. ⓫Metaphorically speaking, it means something like "bad times often lead to good."

The second expression is ⓬harsher: "April is the ⓭cruelest month." This is the first line of ⓮T.S. Eliot's famous poem ⓯"The Wasteland." Though a lot of people have never read the poem, almost everyone has heard the expression about April being cruel. Why is it cruel? Some say it's because April is a time of new beginnings and ⓰promise, with the earth coming back

---

⓫ metaphorically speaking 比喩的に言うと

⓬ harsh 容赦のない、悲惨な

⓭ cruel 残酷な、無情な
　★p. 70、3行目のcrueltyは名詞で「残酷さ」の意。

⓮ T.S. Eliot　T.S. エリオット
　★(1888-1965)。イギリスの詩人、批評家。代表作に長編詩「荒地」、詩劇「寺院の殺人」など。1948年にノーベル文学賞受賞。

⓯ "The Wasteland"　「荒地」
　★(1922)。T.S. エリオットの長編詩。

⓰ promise　有望、期待

　感じさせます。文字どおりの意味は、単純に、5月に花が咲くには4月に雨が必要だ、ということ。比喩的には、「悪い時は往々にして良い時へとつながるものだ」といったような意味です。
　2つ目の表現はもっと無情で、「4月は残酷極まる月だ」。これはT.S.エリオットの有名な詩、「荒地」の1行目です。多くの人がこの詩を読んだことがないにもかかわらず、ほとんど誰もが、4月が残酷だという、この表現を聞いたことがあります。なぜ残酷かって？　4月は、私たちの周囲全体で、地球上のあらゆる生き物が生き返る、新しい始まりと期待の時だから、という説があり

to life all around us. We [17]long for that kind of renewal in our own lives, too, but can't seem to [18]attain it. That's where the cruelty comes in. April [19]teases us with what we can't have.

Cruel or not, April certainly has a different cultural

---

[17] long for ~　～を切望する、～を恋しく思う
[18] attain　～を達成する、～を獲得する
[19] tease　～をいじめる

ます。人間だって、自分の人生の中でそんな再生がかなえば、と願うのに、それはできそうもありません。それで残酷だ、となるわけです。4月は、私たちが手に入れられないものをちらつかせて、私たちを悩ませるのですから。
　残酷であろうとなかろうと、4月が日本とアメリカで文化的に異なる意味

meaning in Japan and the U.S. I always remember
Japan's beautiful cherry blossoms in April, but no matter
where I am, I know that summer's not ⁰far behind, and
that's always a good thing.

April 2009

---

❷⁰ far behind　かなり遅れて

を持つのは確か。4月になると、いつも日本の美しい桜の花を思い出すので
すが、どこにいようと夏はそう遠くないわけで、それがうれしいことに変わ
りはありません。

True/False Review　内容理解クイズ　　解答と日本語訳 ▶ p. 219

エッセイの内容と合っていれば **T**(True)を、違っていれば **F**(False)を選びましょう。

1. According to Hetherly, April in Japan and the U.S. has a
dissimilar feel to it.　**T / F**

2. Hetherly says that April can reminds us of what we are
missing from our lives.　**T / F**

Saying Goodbye Across Cultures

🔊 10

お別れの仕方

❋

アメリカでは珍しいとされてきた火葬が、一般的になりつつある——
このエッセイでは、そんな状況が紹介されます。
日米両国で火葬の葬儀に参列したことがあるヘザリさんが、
しきたりの違いと、それを超えて重要な共通点について語ります。

The other day, I was watching the movie ❶*Bridges of Madison County*, and one scene especially caught my attention. A brother and sister are reading their mother's ❷will just after her death and discover she wants to be ❸cremated. In shock, her son says to his sister, "I don't know anybody who gets cremated!" This

---

❶ *(The) Bridges of Madison County* 『マディソン郡の橋』
★ (1995)。農場主の妻フランチェスカ・ジョンソンと、旅するカメラマン、ロバート・キンケイドの4日間の恋愛を描いた映画。フランチェスカの死後「火葬して遺骨をまいてほしい」という遺言で、子どもたちは初めて、母親の秘められた恋を知る。

❷ will　遺言、遺言書
❸ cremate　〜を火葬にする
★ p. 73、1行目以降に登場する cremation は名詞で「火葬」の意。

　この間、映画『マディソン郡の橋』を見ていたとき、あるシーンが特に気になりました。兄と妹が母親の死の直後に遺言を読んでいて、火葬を希望していることを知ります。ショックを受けた息子が妹に言います。「火葬される人なんて聞いたことないよ！」　このシーンを見て、アメリカと日本の火葬につ

scene got me thinking about cremation in the U.S., where it still shocks some people, and in Japan, where it's the ❹norm.

First, I should mention that this movie came out in 1995. According to government ❺statistics, cremation is becoming more and more common in the U.S. In fact,

---

❹ norm　標準、規範

❺ statistics　統計データ、統計資料
　★この意味では通例、複数形。

いて考えさせられたのです。アメリカでは火葬というといまだに驚く人がいますが、日本ではそれが普通ですよね。
　まず最初に、この映画が1995年公開の作品であることを言っておかなければなりません。政府の統計によると、火葬はアメリカでもどんどん一般的

in some states it's now over 50 percent, but in my home state of Texas, the percentage is just around 25 percent. Most people here still choose tradition, a ❻cemetery ❼burial with a ❽casket. But times are changing, and a few months ago, I attended my first American-style, ❾ash-scattering ceremony right here in Texas.

In Japan, I had been to the cremation ceremony of my best friend's father. I understood that the cremation, not the ❿funeral service before, is a very private event. There's no experience more ⓫intimate than ⓬placing the bones of a ⓭loved one in the ⓮urn. I remember feeling a

---

❻ cemetery　墓地
❼ burial　埋葬、土葬
❽ casket　棺
❾ ash-scattering　散骨
　★ash は「遺灰、遺骨」、scatter は
　「～をまく、～を散らす」の意。

❿ funeral service　葬儀
⓫ intimate　親密な、懇意の
⓬ place　～を置く、～を配置する
⓭ loved one　最愛の人、大切な人、故人
⓮ urn　骨つぼ、かめ

になっています。実は今では、半数以上が火葬、という州もあるぐらいなのですが、私の住むテキサス州では、その割合は25％ほどにすぎません。この土地の大部分の人は、依然として伝統的な、棺に入れられて墓地に埋葬される方を選びます。けれども時代は変わるもので、数カ月前に私は初めて、まさにここテキサスで行われたアメリカ流の散骨式に参列しました。
　日本では、親友のお父さんの火葬に立ち会ったことがあります。火葬は、その前に行われるお葬式とは違って、ごく身内に限られた行事だと理解していました。愛する人の遺骨を骨つぼに入れることほど、私的な経験はありま

strong combination of sadness from loss and intense happiness that the family wanted me there.

After that experience, I was surprised to learn that cremation in the U.S. is usually done with no family members present. In fact, the process takes eight to 10 hours. The family picks up the urn the next day or later. Then the service ⓯takes place, which often involves scattering the ashes. At the one I attended in Texas a few months ago, about 30 friends and family members gathered outside the home of the woman who had died. Two close friends spoke about her and ⓰offered prayers,

---

⓯ take place　行われる

⓰ offer a prayer　祈りをささげる
　★prayer は「祈り」の意。

せん。その人を失った悲しみと、その家族が私にそこにいてほしいと思ってくれたことへの深い喜びとが、激しく入り交じった気持ちになったことを覚えています。
　そんなことがあったので、アメリカの火葬では、家族が立ち会わないのが普通だと知って驚きました。実際、その過程には8〜10時間を要します。家族は翌日以降に骨つぼを引き取ります。それから式が行われ、その式中に散骨がよく含まれるのです。私が数カ月前にテキサスで参列した式では、30人ほどの友人と家族が、亡くなった女性の家の外に集まりました。親しい友人2人が故人について話をし、祈りの言葉をささげ、その女性のご主人が故人

and then the **⑰**widower scattered the ashes under one of her favorite trees. As we talked and ate in the house after the service, many of us said to each other: "This is just the kind of ceremony she would have wanted."

Certainly the **⑱**rituals in Japan and the U.S. are

---

⑰ widower　妻を亡くした男性
⑱ ritual　儀式、しきたり

の好きだった木の下で遺灰をまきました。式の後、家の中で食事をし、話をしながらたくさんの人がお互いに言ったものです。「これぞまさに、彼女が望んだであろう式ですよね」と。
　火葬に関して言えば、日本とアメリカでしきたりが異なるのは確かです。

different ⑲when it comes to cremation. But the need to
come together, remember ⑳the departed, and feel a
sense of connection and ㉑closure is the same.

June 2009

---

⑲ when it comes to ~   ~のこととなると、　　㉒ the departed   故人
　~に関して言えば　　　　　　　　　　　㉑ closure   終結、終幕（感）

けれども、集まって故人をしのび、人と人との縁や終幕感を抱くことが必要
なのは、同じなのです。

True/False Review   内容理解クイズ　　　　　　　⋮ 解答と日本語訳 ▶ p. 219

エッセイの内容と合っていれば **T**（True）を、違っていれば **F**（False）を選びましょう。

1. According to Hetherly, people in most U.S. states now
choose cremation over the traditional type of burial.   **T / F**

2. Hetherly says she felt mixed emotions at the cremation
ceremony of her best friend's father.   **T / F**

Searching for American Tradition

アメリカの伝統を探して

✻

「日本にあるような伝統文化が、アメリカにはあるのか?」
ある出会いをきっかけに、ヘザリさんは考え始めました。
身近な人に尋ねてみるなどしてたどり着いた結論は
どんなものだったのでしょう?

It's easy to talk about traditional Japanese culture. Japan has so many long and strong traditions. But what about American culture? Not only is our history a lot shorter, but we just don't seem to have a lot of tradition to **❶pass down**. Or do we?

The other day I met a charming woman who got me

---

❶ pass down ~ 　〜を代々伝える

日本の伝統文化について語るのは簡単です。日本には、長く続いてきた揺るぎない伝統がたくさんありますから。ではアメリカの文化はどうでしょうか? アメリカは、歴史が日本よりずっと短いだけでなく、伝えていくべき伝統もあまりないように思います。それともあるのかしら?
先日、ある魅力的な女性に出会って、このことについて考えさせられました。

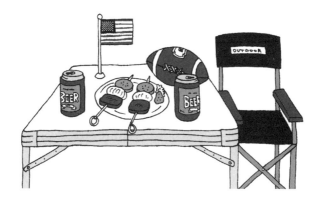

thinking about this topic. We were standing in line for beer at an outdoor barbecue, a ❷welcome-back party for ❸faculty and staff of the university where we both work. We'd never met before, but the line was long so we started talking. She was born in Japan but came to the U.S. at the age of 7, ❹eventually married an American

---

❷ welcome-back party　復帰祝いのパー
ティー
★ここでは、夏休みが終わり、大学に関
係者が戻って新学期が始まることを祝う
パーティーを指す。

❸ faculty　大学の学部教授陣
❹ eventually　やがて、ゆくゆくは

私たちは野外のバーベキューで、ビールをもらうための列に並んでいました。
二人の職場である大学の、教員と職員の新学期パーティーがあったのです。
私たちは初対面でしたが、長蛇の列だったので話し始めました。その女性は
日本生まれでしたが、7歳の時にアメリカに来て、その後アメリカ人の男性

man, and had a family. She had just returned from a summer vacation to Japan with one of her sons. It was his first trip to his mom's home country.

Her eyes ❺lit up as she said, "I climbed Mount Fuji!" Then she told me some other "traditional" things she and her son did on their visit: went to a sumo tournament and a Hanshin Tigers game. We talked excitedly about the ❻thrill of walking into the grand stadiums and the great ❼atmosphere inside.

Whether it's old or newer tradition, there's always something to see in Japan that feels, well, very Japanese.

---

❺ light up　光を発する、ぱっと輝く　　❼ atmosphere　雰囲気
❻ thrill　わくわくすること

と結婚し、家庭を持つに至りました。息子さんのうちの1人と、夏休みで日本に行って、戻ってきたばかりでした。その息子さんにとっては、お母さんの祖国への初めての旅行だったそうです。
　「富士山に登ったのよ！」と言いながら、彼女は目を輝かせました。そしてそのほかにも日本滞在中に息子さんと体験した「伝統的な」ことを話してくれました。大相撲と、阪神タイガースの試合を観戦したのだそうです。あの大きな競技場の中に入って行くときのわくわく感、そして中の素晴らしい雰囲気について、二人して興奮しながら話しました。
　古い伝統であれ比較的新しい伝統であれ、日本には、何というか、とても

Besides baseball and sumo, I've also experienced *taiko* drumming, Kabuki theater, festivals in every season, and all kinds of Japanese dance (*dojo sukui* is my favorite!). I could [8]go on and on.

But back to tradition in the U.S. ... Well, I asked my father what he thought, and he just looked at me. "There's my answer," I said. "We don't have any!" He agreed. Of course, there is baseball, with a different atmosphere from what you see in Japan. There's also American football, which is certainly very American. But what about older traditional [9]stuff? We do have

---

[8] go on and on　延々と続ける、例を挙げ続ける　　[9] stuff　物

日本的に感じられるものが常に何かあります。野球や相撲のほかに私が体験したのは、太鼓の演奏や歌舞伎、季節ごとのお祭り、そしてありとあらゆる日本の踊り（私のお気に入りはどじょうすくいです！）など。挙げだしたらきりがないでしょう。

　ところが、アメリカの伝統に話を戻すと……。そこで私の父に、どう思うか聞いてみました。するとただ私をじっと見詰めるだけ。「答えはそういうことよね。アメリカには何もないのよ！」と言うと、父は同意しました。もちろん、日本で見るのとは違った雰囲気の野球があります。間違いなくアメリカ的な、アメリカンフットボールもあります。でも、もっと古い伝統的なものはどう

^❿rodeos in the West and state or ^⓫county ^⓬fairs that,
I have to ^⓭confess, I've never been to.

The truth is the U.S. simply doesn't have the rich,
old traditions like Japan's. ^⓮I would say it's the small
things that feel most uniquely American: garage sales,

---

❿ rodeo　ロデオ
★カウボーイが荒馬乗りや投げ縄などの
腕を競う競技会。

⓫ county　（アメリカの）郡
★state（州）の下位の行政区画。

⓬ fair　見本市、品評会
★屋台などが出され、祭りのような雰囲
気を伴う行事。

⓭ confess　〜を告白する、〜を（事実だと）
認める

⓮ I would say (that) ...　私の考えでは……
になるだろう、……と言ってもいいだろう
★断定を避けながら意見を述べるときの
表現。

でしょう？　西部にはロデオがあり、また州や郡にはお祭りがあるのですが、
実を言うと、私は（そうしたものには）一度も行ったことがないのです。
　実際のところ、アメリカには単に、日本のように豊かで歴史のある伝統が
ないのです。すごくアメリカらしいと感じるのは、まあ、ささいなことでしょ

community libraries, and those wonderful outdoor
barbecues where you just might meet your next best
friend in the beer line!

December 2009

うね。ガレージセールとか、地域図書館、そしてビールをもらう列で、次なる
親友に出会うかもしれない、野外のすてきなバーベキューとか！

True/False Review 内容理解クイズ ⋮ 解答と日本語訳 ▶ p. 219

エッセイの内容と合っていれば **T**（True）を、違っていれば **F**（False）を選びましょう。

1. Hetherly says that she talked with a Japanese female student
in the beer line at a barbecue.   **T / F**

2. Hetherly says that she has yet to attend a state or county
fair.   **T / F**

Mom, Dad, and Divorce

母親、父親、そして離婚

✳

離婚家庭の子どもに関し、日米で大きく違う点とは?
このエッセイでは、週末やクリスマスの過ごし方など、
ヘザリさんの幼少期の思い出とともに、
アメリカにおける離婚家庭の事情が紹介されます。

🔊 12

Even in America, "divorce" used to be one of those
taboo words people avoided, like "❶cancer." In fact,
when my parents divorced back in the early '60s, my
mother was ❷kicked out of the church where she taught
Sunday school classes for kids. That would be
unthinkable today, but one thing hasn't changed. In an

Title divorce　離婚
　★本文3行目のdivorceは動詞で「離
　婚する」、p. 87、下から3行目の
　divorcedは形容詞で「離婚した」の意。

❶ cancer　がん
❷ kick A out of B　AをBから追い出す

「離婚」という言葉はかつて、アメリカでさえ、「がん」のように、人々が使
うのを避けた禁句の一つでした。実際、私の両親が1960年代の前半に離婚
した時、母は子ども向けの日曜学校のクラスを受け持っていた教会から追い
出されました。そんなこと、今の時代には考えられないでしょうが、一つ、変

American-style divorce, Mom and Dad are still Mom and Dad.

From what I've heard, this is usually not the case in Japan. Kids tend to stay with their mother, and the father often ❸drops out of the picture. This is one area where the U.S. and Japan really are far apart culturally.

---

❸ drop out of the picture 状況から離脱する、関係を持たなくなる
★ここでのpictureは「状況、事態」の意。p. 86、4行目のstay in the pictureは「状況を把握しておく、関係を保つ」を表す。

わっていないことがあります。それはアメリカ流の離婚の場合、母親と父親は、母親と父親のままだという点です。
　聞くところによると、日本では普通、そうはならないようですね。子どもは母親と暮らすことが多く、父親とは関係が途絶えることが多いとか。この点は、アメリカと日本で文化的にまったく異なるところ。国際結婚を考えて

Anyone considering international marriage should probably think about this difference, but, of course, we all get married with the ❹intention of staying together.

Not all American dads stay in the picture after divorce, but it is the ❺norm. The classic movie ❻*Kramer vs. Kramer* is a fun, ❼fictionalized ❽account of how important it is for a dad to stay in his children's lives. In the real world, staying together is usually less dramatic, but no less important.

The weekend dad pattern is pretty common. Kids live with their mom but spend every weekend or every

---

❹ intention 意図、意向
❺ norm 標準、規範
❻ *Kramer vs. Kramer* 『クレイマー、クレイマー』
★(1979)。離婚と養育権という社会問題を、ある家族の人間模様を通じて描いた映画。
❼ fictionalize 〜をフィクションに仕立てる、〜を物語化する、〜を脚色する
❽ account 話、記述

いる人はたぶん、この違いについてよく考えておいた方がよいのではないでしょうか。もちろん、誰もが、ずっと一緒にいるつもりで結婚するのですけど。
　アメリカでは、すべてというわけではありませんが、離婚後も父親と関係が切れないのが普通です。名作映画『クレイマー、クレイマー』は、父親にとって、子どもの生活の一部であり続けるのがいかに大切かを、面白く脚色した物語です。現実の世界では、一緒に暮らすのは大抵、あんなにドラマチックではありませんが、それでも大切なことに変わりはありません。
　週末に父親になるパターンは、ごく一般的です。子どもたちは母親と暮らすのですが、毎週、あるいは1週間おきに、週末を父親と過ごすのです。私の

other weekend with their father. That's the way my family did it. What I remember most about those weekends is that my sister and I **❾**got to **❿**pick out whatever we wanted to eat at the store. That usually meant **⓫**TV dinners and lots of Coca-Cola, **⓬**candy, and ice cream. Weekends with our father were kind of like a vacation. At home with Mom, we had to follow rules like "only one Coke a day!"

Holidays for kids with divorced parents can be **⓭**tricky. We always had two Christmases, one at home and one at our father's. My sister and I **⓮**adapted to

---

❾ get to do　～できる機会を得る
❿ pick out ~　～を選ぶ
⓫ TV dinner　テレビディナー
　★温めるだけですぐに食べられる、メインディッシュと付け合わせが一つのトレーに乗った調理済み冷凍食品。
⓬ candy　キャンディー
　★アメリカではキャラメルやチョコレートなども含む。
⓭ tricky　扱いにくい、落とし穴のある
⓮ adapt to ~　～に順応する

家族もそうしました。当時の週末の一番の思い出はというと、姉と私とで、お店で食べたいものを何でも選べたことです。大抵の場合、温めるだけのディナーと大量のコカコーラにキャンディー、アイスクリームという結果になったのですけどね。父と過ごす週末は休暇みたいなものでした。母と家にいるときは、「コーラは1日に1本だけよ！」といった規則に従わなくてはなりませんでしたから。
　親が離婚している子どもたちの休みは、時に厄介です。私たちにはいつも、クリスマスが2回ありました。1回は自宅で、もう1回は父の家で。姉と私は、

separate holidays with our parents, but some kids don't. Last year, I spent Christmas with my boyfriend, his three grown kids ... and his **⓯**ex-wife. That was not so comfortable for me or for him, but the kids wanted Mom and Dad there, so we did it for them.

⓯ ex-wife　前妻

それぞれの親と過ごす別々の休暇に慣れましたが、中には慣れない子もいます。去年、私が一緒にクリスマスを過ごしたのは、ボーイフレンドと彼の成人した3人の子ども、そして……彼の元奥さんでした。私にとっても彼にとってもあまり居心地の良いものではありませんでしたが、子どもたちが、お母さん、お父さんとそろって過ごしたがったので、彼らのためにそうしたのです。

Is it better for kids of divorce to grow up with one or both of their parents in their lives? ❶Who's to say? Most of us simply follow the culture we grew up in and ❶make the best of what we've got.

February 2010

❶ Who's to say? それは誰にもわからない。 ❶ make the best of what ~ have got ～の手持ちの物を最大限活用する、～に与えられている状況で最善を尽くす
★have got は have と同じ意味。

　離婚家庭の子どもが成長していく上で、暮らしの中に一人親だけ存在する方がよいのでしょうか、それとも両親が存在する方がよいのでしょうか？ その問いに、正解はおそらくありません。大抵の人が、ただ自分が生まれ育った文化に従って、与えられた状況の中で最善を尽くすだけです。

True/False Review 内容理解クイズ

解答と日本語訳 ▶ p. 220

エッセイの内容と合っていれば **T**(True)を、違っていれば **F**(False)を選びましょう。

1. Hetherly advises couples entering an international marriage to think about what happens to the children in a divorce.

T / F

2. According to Hetherly, it is definitely better for kids of divorce to grow up with both parents in their lives.　**T / F**

The Perfect Vacation

理想的な休日

❋

ヘザリさんは、日本での体験を懐かしく思い出しながら、
日本特有の温泉文化について考えを巡らせます。
アメリカにも温泉はたくさんあるのに、日本のような温泉旅行が
定着しないのは、なぜなのでしょう?

This morning, I found myself ❶gazing at a postcard
I have taped to my desk. It shows three young Japanese
women relaxing in an indoor hot-spring bath. The walls
and floor are natural wood with one entire wall of
ceiling-to-floor windows. No doubt the mountain view
is gorgeous, but the picture ❷focuses on those three girls

---

❶ gaze at ~ 〜をじっと見詰める
❷ focus on ~ 〜に焦点を合わせる

今朝、私はふと気付いたら、机にテープで貼った絵葉書をじっと眺めていました。その写真には、屋内の温泉につかってくつろいでいる、3人の日本人女性が写っています。壁や床は天然の木材でできていて、壁の一面は床から天井まですべてガラス張りの窓です。山の景色は当然素晴らしいのですが、写真が焦点を合わせているのは、お湯につかった女性たち。彼女たちを見て

❸soaking in the bath. Just looking at them makes me feel peaceful and relaxed. And, of course, nostalgic!

I took several hot-spring vacations in Japan, from Kyushu to Hokkaido. The most memorable was a trip to a Hokkaido *onsen* that appeared in my favorite TV series, ❹"Kita no Kuni Kara." It was outside, very cold,

---

❸ soak　つかる

❹ "Kita no Kuni Kara"「北の国から」
★1981年から、連続または単発で放送
されたテレビドラマのシリーズ。北海道、
富良野の大自然に暮らす家族の物語。

いるだけで穏やかな、くつろいだ気分になります。そしてもちろん、懐かしい気持ちにも！

　私は日本で、九州から北海道まで、何度か温泉に休暇で訪れました。一番忘れられないのは、私の大好きなテレビシリーズ「北の国から」に出てきた、北海道の温泉に行ったことです。そこは露天風呂で、とにかく寒くて、驚く

and ❺stunningly beautiful. I was a little ❻intimidated at first, as there were men and women in the bath, but we all used towels and everyone was ❼respectful. I still remember how good that hot water felt and how hard it was to get out.

In so many ways, hot-spring trips are the perfect vacation. The waters provide therapy for body and mind, and there's always great food ❽afterwards. I was especially ❾impressed that people travel to hot springs in Japan not only with family, but also with friends, lovers, even ❿colleagues. I can't think of any other

---

❺ stunningly　驚くほど
❻ intimidate　〜をおじけづかせる
❼ respectful　礼儀をわきまえた
❽ afterwards　その後
　★ = afterward。

❾ impress　〜に感銘を与える
❿ colleague　同僚

ほど美しい場所でした。混浴のお風呂だったので、最初は少し気が引けたのですが、みんなタオルを使い、誰もが礼儀をわきまえていました。今でもその時のお湯がどんなに気持ち良かったか、そしてお湯から上がるのがどんなにつらかったかを覚えています。
　いろいろな意味で、温泉旅行は理想的な休暇の過ごし方です。お湯には体と心を癒やす力がありますし、お風呂上がりには決まって、素晴らしいごちそうが待っています。私が特に感心したのは、日本では、家族とだけでなく、友達や恋人、はたまた同僚とまで温泉に出掛けることです。あらゆる年齢の

vacation that people of all ages can enjoy and that requires no special skills or ⓫equipment.

I tried to ⓬come up with an American ⓭equivalent of the hot-spring vacation, but there really isn't one. We actually have hundreds of hot springs here, and some of them welcome ⓮bathers. But I've never talked to anybody who's been to one. Most Americans probably can't imagine bathing in public. In fact, one website for a ⓯spa in ⓰Hot Springs, Arkansas, ⓱assures visitors that each bath is private. California and other Western states have group baths in beautiful outdoor ⓲settings, but the

---

⓫ equipment　装備、備品
⓬ come up with ~　~を見つけ出す
⓭ equivalent　同等のもの、相当物
⓮ bather　入浴者、湯治者
　★2行下のbatheは動詞で「入浴する」の意。

⓯ spa　鉱泉、温泉、高級保養地（のホテル）
⓰ Hot Springs　ホットスプリングス
　★アメリカ、アーカンソー州中部の都市。
⓱ assure ~ that ...　~に……を保証する
⓲ setting　環境、背景、設定

人が楽しめて、特別な技能や道具も必要としない休暇は、ほかに思い当たりません。
　温泉で過ごす休暇のアメリカ版を思い起こそうとしたのですが、同じようなものはないのが実情です。実はここアメリカにも温泉は何百とあって、入湯客を受け入れている所もいくつかあります。でも、行ったことのある人の話は聞いたことがありません。大抵のアメリカ人はたぶん、ほかの人がいる場でお風呂に入るなんて考えられないのでしょう。事実、アーカンソー州ホットスプリングスのあるリゾートホテルは、お風呂がすべて個室であることを、ウェブサイトで約束しています。カリフォルニア州やそのほかの西部の州には、屋外で美しい景色の中、大勢で入浴できる温泉がありますが、写真で見る限り、

pictures show a lot more men than women. I have to admit, it would be much harder to get in a bath with strangers in California than Japan. America simply doesn't have a "bath" culture the way Japan does, so it wouldn't feel as natural.

女性より男性の方が圧倒的多数です。カリフォルニアで他人とお風呂に入るのは、日本でよりもずっと難しいだろうと、認めざるを得ません。アメリカには単に、日本のような「風呂」文化がないので、日本ほど自然な感じがしないのです。

Someday I'd like to visit an American hot-spring bath to see what it's like. For now, though, I'll have to [19]settle for gazing at my postcard and remembering all those good times in Japan.

March 2011

---

❶⁹ settle for doing　〜することで我慢する、
　〜することで手を打つ

　いつかは、アメリカの温泉がどんなものか見に行きたいと思っています。でも取りあえずは、絵葉書を眺めながら、日本での楽しかった思い出に浸るしかありませんね。

True/False Review　内容理解クイズ　　解答と日本語訳 ▶ p. 220

エッセイの内容と合っていれば **T**（True）を、違っていれば **F**（False）を選びましょう。

1. Hetherly says that she was intimidated by seeing completely naked people of both genders in the Hokkaido *onsen*.　**T / F**

2. According to Hetherly, there are not any hot springs for bathing in the U.S.　**T / F**

The Good Secular Life
善き無宗教の生活

※

アメリカ社会とキリスト教との強固な結び付きに違和感を持つ
ヘザリさんは、ある本を読んで感銘を受けます。
「無宗教の人の道徳的生き方」について論じたその本への共感と、
日本で感じたすがすがしさを重ね合わせたエッセイです。

I love the feeling of finding a book that really
❶speaks to me — it doesn't happen often! ❷Not long
ago, ❸Phil Zuckerman ❹did an interview about his new
book, *Living the Secular Life*, on ❺National Public
Radio.

Secular is an adjective that means "not religious."

Title secular　非宗教的な、信仰によらない
❶ speak to ~　~に訴え掛ける
❷ not long ago　つい先頃
❸ Phil Zuckerman　フィル・ザッカーマン
　★(1969-)。アメリカの大学教授。専門
　は社会学。

❹ do an interview　インタビューを受ける
　★インタビューの聞き手になる場合にも、
　受け手になる場合にも用いる。ここでは
　後者の意味。
❺ National Public Radio　ナショナル・パ
　ブリック・ラジオ
　★アメリカの非営利ラジオネットワーク。

私は、心に訴え掛けてくる本を見つけたときの感覚が大好きです──そう
そう起こることではありませんが！　先頃、フィル・ザッカーマンが新著、
『Living the Secular Life（無宗教で生きる）』についてナショナル・パブリッ
ク・ラジオのインタビューを受けていました。
　secularというのは「宗教的でない」ことを意味する形容詞です。以前、こ

I've written before in this column about how strange it sometimes feels to be a nonreligious person in the U.S. People talk a lot in daily conversation about their church or church friends, ❻assuming that you are also a ❼churchgoer; "In God We Trust" is written on our money; people pray together publicly before some

---

❻ assume that ...　当然……であると決めて　　❼ churchgoer　定期的に教会へ行く人
かかる、（明確な根拠なく）……と想定する

のコラムに書きましたが、アメリカでは、信仰を持たない人間でいることが、
時に大きな違和感をもたらします。みんな日常会話の中で、自分の通う教会
や教会での友人についてよく話し、会話の相手も当然、教会に通っていると
思い込んでいます。アメリカのお金には「われわれは神を信じる」と記され
ていますし、5キロマラソンのようなイベントの前には、みんなで一緒に公の

events, like [8]5K runs; and in our [9]court system, we're expected to [10]swear on the Christian Bible to tell the truth before [11]testifying. Even though U.S. law requires separation of church and state, the two are often connected anyway. What's most [12]disturbing is that while we are a proud country of [13]immigrants with many different beliefs, those who are not Christians are often made to feel bad or wrong or uncomfortable.

That's why I love Zuckerman's book. As a professor, he has carefully researched and [14]documented his [15]claims, [16]yet he also tells [17]fascinating human stories.

---

[8] 5K run　5キロマラソン
[9] court　法廷、裁判所
[10] swear on ~　~に懸けて誓う
[11] testify　証言を行う
[12] disturbing　気掛かりな、心をかき乱す

[13] immigrant　移民
[14] document　~を文書に記録する
[15] claim　主張
[16] yet　けれども、しかし
[17] fascinating　魅力的な、魅惑的な

場で祈ります。そして法廷制度においては、証言する前に、キリスト教の聖書に懸けて真実を述べる、と誓うことが求められます。アメリカの法律では教会と国家の分離が義務付けられているにもかかわらず、この両者は何かと結び付いていることが多いのです。一番気になるのは、私たちの国は多種多様な信仰を持つ移民（社会）を誇る国でありながら、キリスト教徒ではない人々が、しばしば嫌な思いや、自分が間違っているような思いや、居心地の悪い思いをさせられることです。

だからこそ、私はザッカーマンの著書をとてもいいと思うのです。大学教授として、彼は丹念に研究を進め、自説を文章にまとめ上げたわけですが、

One key question people ask is "How can you be a good person or a [18]moral person without God?" Zuckerman's book helps secular people answer difficult questions like this one, and he introduces many secular people who live moral and good lives.

In fact, Zuckerman's research reveals that secular people often have stronger moral or [19]ethical beliefs toward humanity and [20]life on earth than religious people. Those living a secular life tend to be less [21]racist and nationalistic; less supportive of [22]military [23]aggression, [24]torture, the [25]death penalty, and

---

[18] moral　道徳的な
[19] ethical　倫理的な
[20] life on earth　現世での人生
[21] racist　人種差別主義の

[22] military　軍の、軍隊の
[23] aggression　攻撃、侵略
[24] torture　拷問
[25] death penalty　死刑

同時に、魅力的な人間物語を伝えてもいるのです。人々が投げ掛ける重要な疑問の一つに、「神なくして、人はどうやって善き人間、道徳的な人間になれるのか」があります。ザッカーマンの著書は、宗教を持たない人がこのような難問に答えるのに役立ちますし、道徳的かつ善い人生を送る、多くの無宗教の人々を紹介しています。
　実際のところ、ザッカーマンの研究が明らかにしているのは、往々にして無宗教の人の方が、宗教を信じている人よりも、人間性や現世での生き方について、強固な道徳的、もしくは倫理的信念を持っているということです。宗教と無関係の生活を送っている人は、人種差別や国家主義に傾く度合いが低く、また武力攻撃や拷問、死刑、体罰を支持する度合いも低い一方で、女性

[26]corporal punishment; and more supportive of women's [27]equality, gay rights, animal [28]welfare, and protecting the environment.

This book [29]resonated with me, and I thought it might also with many Japanese. When I lived in Japan, friends sometimes told me they felt [30]embarrassed or uncomfortable when the topic of religion came up with Westerners because Japan doesn't have a single, powerful

---

[26] corporal punishment　体罰、体刑
[27] equality　平等
[28] welfare　福祉

[29] resonate with ～　～に共感を与える
[30] embarrassed　ばつの悪い、まごついた

の平等やゲイの人権、動物愛護、環境保護を、より積極的に支持する傾向があるというのです。
　この本に共感を覚えた私は、多くの日本人も共感するかもしれないと思いました。日本で暮らしていた頃、友達が時々言っていたのです。欧米人と宗教の話になると、ばつが悪くなったり、居心地が悪くなったりする、それは、日本にはキリスト教のような単独で影響力の大きい宗教がないからだ、と。

religion like Christianity. Instead, Japanese tend to take what they need from "religions" like Buddhism and Shintoism and perhaps even Christianity without ❸❶identifying as "religious" people. I always found that more secular approach ❸❷refreshing in Japan, and Zuckerman's book helped me to understand why.

May 2016

---

❸❶ identify as ~ 〜としての立場を自覚する
❸❷ refreshing 新鮮で快い、すがすがしい

その代わりに、日本人は自らを「宗教的な」人間だと見なすことなく、仏教や神道、そしておそらくはキリスト教をも含む「宗教」から必要なものを得る傾向があります。私は日本でずっと、そうした、より宗教色の薄いやり方をすがすがしく感じていたのですが、ザッカーマンの著書のおかげで、その理由がわかったのです。

True/False Review 内容理解クイズ 　　解答と日本語訳 ▶ p. 220

エッセイの内容と合っていれば **T**(True)を、違っていれば **F**(False)を選びましょう。

1. According to Hetherly, church and state are firmly separated in the U.S.　**T / F**

2. Hetherly read that it's not correct to say religious people always have stronger moral beliefs than secular people.

T / F

🔊 15

Breaking Bread
食事を一緒に

✳

日本における食事の特徴は「食べ物を分け合うこと」
「その食べ物について話すこと」だとヘザリさんは考えます。
それが人間関係に与える影響とは？
アメリカでの食事と比べながら展開される考察を、味わってください。

When I miss Japan, it's often a food memory that
❶triggers the feeling. I do love and miss Japanese
❷cuisine, but **❸**there must be more to it than that. **❹**Not
long ago, I heard an interview on the radio that made
me think, **❺**aha — that's it!

The interview on **❻**National Public Radio was called

Title break bread　パンをちぎる、パンを分
　ける、（人と）食事をする
❶ trigger　〜の引き金になる、〜を誘発する
❷ cuisine　料理、料理法
❸ there is more to it than that　それ以上
　の事情がある、それには別の側面がある

❹ not long ago　つい先頃
❺ aha　ははあ、なるほど、わかった
　★発見、勝利、満足などを表す間投詞。
❻ National Public Radio　ナショナル・パ
　ブリック・ラジオ
　★アメリカの非営利ラジオネットワーク。

　日本を懐かしく思うとき、その思いのきっかけとなるのは、往々にして食
べ物にまつわる思い出です。もちろん和食は大好きで、今でも食べたくなり
ますが、これには、もっと別の事情があるに違いありません。つい先頃、ある
インタビューをラジオで聞いて、気付かされました、ああ——これだ！　と。
　ナショナル・パブリック・ラジオで流れたそのインタビューは、「なぜ同じ

"Why Eating the Same Food Increases People's Trust and Cooperation." It started like this: "All over the world, people say they make friends by 'breaking bread' together." In other words, sharing a meal makes people like each other or, as the radio host said, makes them "feel closer."

物を食べると、人々の間の信頼や協調が高まるのか」という題でした。その出だしはこのようなものでした。「世界の至る所で、こう言われています、人々は、人と『食事をともにする』ことで友達になるのだと」。言い換えれば、食事を分かち合うと人々はお互いを好ましく思うようになる、あるいは、そのラジオ番組の司会者の言葉を借りれば「より親しく感じる」ようになるのです。

The point is not simply that eating together makes
people feel closer but that eating the same food leads to
trust and cooperation because they feel closer.
Researchers came to this conclusion after studying
different people making a business decision together.
Some ate the same food during their discussion and
others ate different food. [7]It turns out that the ones
eating different food spent twice as long [8]reaching an
agreement.

Japanese food culture fits this [9]model so well.
People tend to share dishes and talk about the food

---

[7] it turns out that ... ……だとわかる   [9] model （構造などの）型、模式的な仮説
[8] reach an agreement　合意に達する

重要なのは、単に一緒に食べればお互いの親近感が深まる、ということで
はなく、同じ物を食べることが、親近感の深まりを通じて信頼と協調につな
がる、という点です。研究者らは、この結論に至るまでに、さまざまな人々が
一緒に仕事上の決定を下す状況に関して、研究を行いました。話し合いの最
中に同じ物を食べる人たちがいる一方で、違う物を食べる人たちもいました。
違う物を食べた人たちの方が、合意に至るのに2倍の時間を要したことがわ
かっています。
　日本の食文化は、この仮説に非常によく当てはまります。（日本では）人と
一緒に外食すると、料理を分け合い、その食べ物について話す傾向があります。

when they're **⑩**eating out together. They often use words like *shiawase* and *tengoku* to describe the feeling of eating and drinking delicious things together. It's a happy time. At U.S. restaurants, each person **⑪**typically orders a separate and often different meal, which comes on a very large plate. There may be some sharing of **⑫**bites, but sharing an entire meal is **⑬**rare. **⑭**Portions are so large food is often left on plates and thrown away. **⑮**On top of that, waiters **⑯**constantly **⑰**interrupt the conversation to ask if everything is OK, which **⑱**disrupts the feeling of **⑲**intimacy among those eating together.

---

⑩ eat out　外食する
⑪ typically　通常は、概して
⑫ bite　ひと口、ひとかじり、少量
⑬ rare　珍しい、めったにない
⑭ portion　（食べ物の）一人前

⑮ on top of that　それに加えて、その上
⑯ constantly　絶えず、しきりに
⑰ interrupt　〜を遮る、〜を妨げる
⑱ disrupt　〜を妨害する、〜を途絶えさせる
⑲ intimacy　親しいこと、親密さ

「幸せ」や「天国」といった言葉をよく使って、おいしい物を一緒に食べたり飲んだりするときの気持ちを表現するのです。それは楽しいひと時です。アメリカのレストランでは、各自が通常、別盛りの、しかも多くの場合は異なる料理を注文し、それらは巨大な皿に盛り付けられて出てきます。少量を交換することはあっても、一つの料理全体を分け合うことはめったにありません。一人前の量があまりにも多く、食べ物が皿に残され、捨てられてしまうこともよくあります。それに加えて、ウエーターがしきりに会話を中断させて問題がないか尋ね、それが、一緒に食事をしている人たちの親密な気分に水を差します。

Eating and drinking in Japan is much more of a shared experience than in the U.S. It seems the meal and people's feelings about sharing it are most important, while in the U.S., conversation is the ⓴focus. And too much conversation can be ㉑tiring.

So does all this mean "breaking bread" together creates a stronger ㉒bond in Japan than the U.S.? My

---

⓴ focus　焦点、中心、重点　　㉒ bond　結束、絆
㉑ tiring　疲れさせる、退屈な

> 　日本での飲食は、アメリカでのそれに比べて、はるかに場を分かち合う機会なのです。おそらく、（日本では）料理とそれを分け合うことへの人々の気持ちが最も大切であるのに対して、アメリカでは会話に重きが置かれます。そして、会話が多過ぎると、うんざりすることもあるのです。
> 　では、こうしたことを考え合わせると、人と「食事をともにする」ことでより強い絆がもたらされるのは、アメリカよりも日本の方なのでしょうか？

memories say yes. When I miss Japan, it's often the food culture I'm remembering — eating, drinking, and the people I shared the experience with. Don't ㉓get me wrong — I love my American friends, but I ㉔confess, sometimes I avoid going out to dinner. The truth is ㉕when it comes to "breaking bread," Japan does it best.

June 2017

㉓ get ~ wrong　〜（の発言）を誤解する
㉔ confess　〜を告白する、〜を（事実だと）
　認める

㉕ when it comes to ~　〜のこととなると、
　〜に関して言えば

私の記憶では、そのとおりです。私が日本を懐かしむとき、多くの場合、食文化を思い出しています――飲食と、その機会を分かち合った人たちのことをです。誤解しないでください――アメリカ人の友達も大好きなんですよ、ただ、白状すると、時々、夕食に出掛けるのを避けてしまうのです。実のところ、「食事をともにする」のであれば、日本が一番です。

True/False Review　内容理解クイズ

解答と日本語訳 ▶ p. 220

エッセイの内容と合っていれば **T**（True）を、違っていれば **F**（False）を選びましょう。

1. Hetherly says she learned how eating the same food makes people trust each other from a radio interview.　**T / F**

2. According to Hetherly, American servers frequently interrupt the people eating.　**T / F**

エッセイ Women Only? (p.054) への付記

I don't mean to suggest that if only women were stronger, this problem would be solved. Without education and serious consequences for perpetrators, I can't imagine much changing. Still, women's strength is a positive force in making the world better, as we've seen through the past and the #MeToo movement. Women deserve safe spaces, but I look forward to the day when women only cars aren't needed.

女性が強くなりさえすればこの問題が解決すると言いたいわけではありません。教育や、加害者への重い罰なしに、大きな変化が起きるとは想像できません。それでも、これまでの歩みや#MeToo運動を通して見てきたように、女性の強さは、世界をより良くするための前向きな力です。女性が安全な空間を確保するのは当然の権利ですが、私は女性専用車両が必要でなくなる日を心待ちにしています。

Chapter

3

言葉の沼

✦ —— ✦ —— ✦

🔊 16

This Is My Girlfriend

ガールフレンドを紹介します

※

特別な存在の人をどのように呼ぶか──
日本でも話題になることの多いテーマですね。
「社会が変わったのに言葉がそれに追い付いていない」という状況
とともに、さまざまな英語表現も紹介されます。

"Hello, everyone. This is my girlfriend, Mary." If these were the first words of a novel, who would you imagine is speaking? Is it a young man, an old man, a lesbian, or just a woman or girl introducing her friend? Actually, it could be any of these, and that's the problem. A lot of people aren't sure what to call their ❶loved ones anymore.

---

❶ loved one　最愛の人、大切な人

　「こんにちは、皆さん。こちらは私のガールフレンド、メアリーです」。小説の書き出しがこんなふうだったら、誰のせりふだと思うでしょう？　若い男性なのか、年老いた男性なのか、レズビアンなのか、それともただ女性や若い女の子が友達を紹介しているだけなのか？　実際は、そのどの場合もあり得るわけで、そこが悩ましいんです。愛する人を何と呼んでいいのか、もはやよくわからなくなってしまっている人がたくさんいます。

If you're married and ❷straight, it's easy. You use "husband" or "wife." These words are pretty neutral, unlike their traditional Japanese ❸counterparts. If you're young and straight, "girlfriend" and "boyfriend" ❹work fine. But what about the rest of us? For older ❺folks who aren't married and gay or lesbian couples, it can be ❻tricky.

---

❷ straight　異性愛の
❸ counterpart　相補う２つのものの一方、互いによく似たものの一方
❹ work　機能する、うまくいく

❺ folks　人々
　★この意味では通例、複数形。
❻ tricky　扱いにくい、落とし穴のある

　　もし結婚している異性愛者ならば、事は簡単です。「夫」「妻」という言葉を使えばいいのですから。これらは日本の伝統的な呼び方とは違って、とても中立的な言葉です。若い異性愛者なら「ガールフレンド」「ボーイフレンド」で大丈夫。ではそのほかの私たちはどうすればいいのでしょう？　結婚していない年配の人や、ゲイやレズビアンのカップルにとっては、厄介な場合があります。

What's happening here is that society has changed, but the language hasn't ❼caught up. This is especially obvious with same-sex couples. As I write in February of 2010, five U.S. states have already ❽legalized same-sex marriage, and more are sure to follow. Then there are all those couples that have been together for years and consider themselves married. The language of wives and husbands just doesn't fit. Or does it?

Another change is that nowadays people are single and ❾dating at all ages. There are lots of older, unmarried couples in their 50s, 60s, 70s, and older. Are

---

❼ catch up　追い付く
❽ legalize　〜を合法化する

❾ date　恋人と付き合う

ここで起きているのは、社会が変わったのに言葉がそれに追い付いていない、ということです。これは特に、同性同士のカップルを見るとよくわかります。このエッセイを書いている2010年2月の時点で、アメリカの5つの州がすでに同性同士の結婚を合法化していて、さらに多くの州がこれに続くのは確実でしょう。そして、何年も一緒にいて、自分たちを夫婦と考えているカップルの存在もあります。彼らには、妻や夫という言葉が、とにかくしっくりきません。それともしっくりくるのでしょうか?

もう一つの変化は、最近ではあらゆる年齢の人が独身で恋人と付き合うようになっていることです。50代、60代、70代、あるいはもっと年配の、未婚のカップルがたくさんいるのです。彼らもまだ「ボーイフレンド」「ガール

they still "boyfriends" and "girlfriends"? That's what a lot of people use, but I think most of us feel a little silly when we say it. The other day, my 80-year-old ❿widowed father told me he has a "girlfriend." Later, he insisted she's a "friend." Maybe he felt silly or maybe he changed his mind. Either way, he'd better be careful. Girls and women don't like being called "friends" if they think they're "girlfriends."

So how can adults avoid sounding silly when we talk about that special person or introduce them to someone? Do we call them "my partner"? Sounds kind

---

❿ widowed　妻を亡くした、夫を亡くした

フレンド」でいいのでしょうか？　そう呼ぶ人が多いのですが、大抵の人が、そう言うときにちょっと間抜けな気がすると思うのです。この間、80歳の、妻に先立たれた私の父が、「ガールフレンド」がいると私に言いました。後になって、彼女は「友達」だと父は言い張りました。もしかしたら、間抜けに思えたのか、あるいは気持ちが変わったのかもしれません。いずれにしても、父は気を付けた方がいいですね。女の子も女性も、もし自分が「ガールフレンド」だと思っているなら「友達」と呼ばれるのは好きじゃありませんから。
　それでは、大人が特別な存在の人のことを話したり、彼らを誰かに紹介したりするときに、間抜けに聞こえずに済ませるにはどうすればいいのでしょう？　「私のパートナー」と呼びますか？　これはちょっとビジネスっぽく聞こ

of like business. How about "my ⓫significant other"? ⓬Believe it or not, I use that one, but not too often. "My ⓭better half"? Sounds like an old movie. "My honey"? Hmm.

⓮Let's face it. We need some new language. I kind of

⓫ significant other　重要な他者、大事な人　　⓭ better half　連れ合い、夫、妻
⓬ believe it or not　信じようが信じまいが　　⓮ Let's face it.　現実を直視しよう。

えます。「私のシグニフィカント・アザー」はどうでしょう？　まさかと思われるでしょうが、私はそう呼んでいます。ただし、あまり多用はしませんけどね。「私のベターハーフ」はどうでしょう？　昔の映画みたいですね。「私のハニー」は？　うーん。
　現実問題として、何か新しい呼び名が必要です。私は日本語の「彼」「彼女」

like the Japanese *kare* and *kanojo*. "Hello. I'd like you to meet my he." Or "This is my she." Too bad it doesn't work in English.

May 2010

が好きだったりするんですけど。「こんにちは。私のheを紹介します」「こちらは僕のsheです」なんてね。これが英語でうまくいかないのが残念です。

True/False Review　内容理解クイズ　解答と日本語訳 ▶ p. 220

エッセイの内容と合っていれば **T**（True）を、違っていれば **F**（False）を選びましょう。

1. Hetherly says that it is better for people to be together for some years before getting married.　**T / F**

2. Hetherly seems unsure about the nature of her father's relationship with a woman he called his "friend."　**T / F**

17

Cursive May Be Cursed

厄介ものの筆記体

※

アメリカの学校の多くで筆記体が教えられていないことが、
どのような影響を与え得るかについての文章です。
日本の子どもたちが漢字を繰り返し書いて学ぶことと、
筆記体の教育との関係について、ヘザリさんが考えを伝えてくれます。

When I was in elementary school, **❶**handwriting was
not my strongest subject. We practiced and practiced
the letters, but my cursive never looked beautiful like
the teacher's writing. It still doesn't, but it **❷**works and
it's mine. Our handwriting reflects our personality, as
the study of **❸**graphology shows, so we can't expect

Title cursive　筆記体
　　★ ＝ cursive writing。
Title cursed　呪われた、いまいましい

❶ handwritng　手書き、筆跡
❷ work　機能する、役割を果たす
❸ graphology　筆跡学、筆相学

　小学生の頃、ペン習字は、私の得意な科目ではありませんでした。私たち
は何度も何度も文字を書く練習をしましたが、私の筆記体は、先生が書く文
字のようには、きれいに見えませんでした。いまだにきれいではありませんが、
読めますし、何より私の字です。筆跡学の研究が示すように、筆跡は私たち
の個性を反映しますので、どの子にも同じような字を書くことを期待するの

every kid to write the same way. What shocks me, though, is that many American schools are **❹**no longer teaching cursive writing.

The debate over whether or not to teach cursive heated up in 2010 when the **❺**Common Core State Standards for education **❻**came out. The Standards

---

❹ no longer ~　もはや〜でない
❺ Common Core State Standards　全米共
　通学力基準
　★国の主導で策定された学力基準。導
　入の判断は州に任されている。

❻ come out　公表される

は、無理というものでしょう。しかし私にとってショックなことは、アメリカ
の学校の多くが、もう筆記体を教えていないということです。
　筆記体を教えるべきか否かという論争は、全米共通学力基準が公表された
2010年に白熱しました。この基準は「大学や職業での成功」を目標に「現実

focus on skills considered "❼relevant to the real world" for "success in college and careers." So, instead of using class time to teach cursive, they say, teachers should ❽focus on technology skills, including ❾keyboarding. States don't have to follow the Standards, but ❿as of July 2012, only four, including Texas, have chosen not to.

I ⓫can't help but wonder how Japanese people will see this news. Just the other day, I attended a Japanese language study group and ⓬was reminded once again of how important kanji practice is in Japanese schools. One of the students brought a textbook that

---

❼ relevant to ~　～に直接関連した、～に
　関連する
❽ focus on ~　～に焦点を合わせる、～を
　重視する
❾ keyboarding　キーボード入力、キーボー
　ドの操作

❿ as of ~　～現在
⓫ can't help but do　～せずにはいられな
　い、どうしても～してしまう
⓬ be reminded of ~　～を思い出させられ
　る、～に気付かされる

　社会に直接関連する」と見なされるスキルに焦点を合わせています。従って、教師は筆記体を教えるのに授業時間を使うより、キーボード入力などのテクノロジー系のスキル（の教授）に集中すべきだというのです。各州はこの基準に従うことを義務付けられてはいませんが、2012年7月現在、従わないことを選択した州は、テキサス州を含め、わずか4州です。
　この報道を日本の皆さんがどう受けとめるか、つい考えてしまいます。つい先日、私は日本語の学習グループに出席して、日本の学校において漢字の練習がどれだけ重要かを、あらためて思い知らされました。生徒の一人が、

⓭discouraged learning kanji by writing it over and over.
The teacher, a young Japanese woman who now lives in
⓮Austin, laughed and ⓯recalled her own school days
when she did exactly that. It certainly worked for her.

Cursive writing ⓰is not tied to our culture the way
kanji is in Japan. ⓱Roman letters are just a simple
writing system compared to the ⓲complex and
⓳numerous ⓴pictographs that make up kanji and
㉑contribute to the ㉒poetic tradition, among other arts.
But some of the reasons for keeping cursive in the
schools and the culture may be the same as those for

⓭ discourage doing ~ ~するのをやめさ
せる、~するのを思いとどまらせる
⓮ Austin オースティン
★テキサス州の州都。
⓯ recall ~を思い出す、~を思い起こす
⓰ be tied to ~ ~に結び付いている、~と
深い関係にある

⓱ Roman letter ローマ字、アルファベット
⓲ complex 複雑な
⓳ numerous 非常に多くの
⓴ pictograph 象形文字
㉑ contribute to ~ ~に貢献する
㉒ poetic 詩の、韻文の

繰り返し書いて漢字を学ぶことを推奨しない内容の教科書を持ってきたのです。先生は、オースティンに住む若い日本人女性ですが、彼女は笑って、まさにそうやって学んでいた自分の学校時代を思い出しました。彼女にとっては、その学習法は確かに効果があったのです。
　筆記体は、漢字が日本の文化に結び付いているほどしっかりとは、アメリカ人の文化と深い関係はありません。漢字を成り立たせ、日本の伝統的な詩歌などの芸術に貢献している、複雑かつ非常に数の多い象形文字と比べると、アルファベットはごく単純な筆記システムです。しかし私たちの学校と文化から筆記体を追放しない方がいい理由のいくつかは、漢字の練習が必要な理

practicing kanji.

[23]For one thing, writing by hand is good for your brain. It's exercise, and we need all the brain exercise we can get at every age. A lot of people also learn better when they write something down. Of course, kids who never learn cursive will not be able to read it either, including old letters from grandparents or

---

[23] for one thing 一つには、第一に

由と、同じではないでしょうか。
　一つには、手書きが脳にいいことです。これは頭の鍛錬であり、私たちはあらゆる年齢において、できるだけ多くの頭脳鍛錬を必要としています。手で書き取った方が、ものをしっかり覚えられる、と言う人も大勢います。筆記体を習ったことのない子は、祖父母や曽祖父母の書いた古い手紙を含め、

great-grandparents. Or possibly even their mom's
❷grocery list. We will have generations that can't "read"
each other.

❷Computer literacy is ❷crucial now and for the
future. But computers are not everything. We need to
keep cursive writing in the curriculum.

October 2012

---

❷ grocery list　（食料品の）買い物リスト　　❷ crucial　極めて重要な、不可欠な
❷ computer literacy　コンピューター・リテ
ラシー、コンピューターを使いこなす能力

筆記体を読めるようにもならないことは言うまでもありません。ことによっ
たら、お母さんが書いた買い物リストさえも。世代間でお互いの手書きを「読
む」ことができなくなってしまいます。
　コンピューター・リテラシーは、現在、そして未来において、極めて重要で
す。しかし、コンピューターがすべてではありません。筆記体は、カリキュラ
ムに残しておかなければならないのです。

True/False Review　内容理解クイズ　解答と日本語訳 ▶ p. 220

エッセイの内容と合っていれば **T**(True)を、違っていれば **F**(False)を選びましょう。

1. Hetherly says that she recently learned kanji in a Japanese
study group.　**T / F**

2. Hetherly is worried about the trend in U.S. schools toward
not teaching cursive.　**T / F**

18

Language and Who We Are

言語と本当の自分

❋

「外国語を話すとき、人格が変わる」と言われることがあります。
身に覚えがある人も多いかもしれません。
この問題についてのある研究結果を紹介しながら、
ヘザリさんが自分の経験と考えを伝えてくれます。

Does our personality change when we speak a foreign language? A lot of people say "yes," and I would agree.

In 2014, a team of ❶psychologists published the ❷article "Your ❸Morals Depend on Language." Here's one scenario from the study. You and a very large man

---

❶ psychologist　心理学者
❷ article　論文、記事

❸ morals　倫理観、道徳意識
　★この意味では通例複数形。p. 125、3
　行目の moral は形容詞で「倫理観の、道徳
　の」の意。

私たちは、外国語を話すとき、人格が変わるものでしょうか？　多くの人
が「変わる」と言いますが、私も同感です。
　2014年に、ある心理学者のグループが「倫理観は言語に左右される」とい
う題の論文を発表しました。その研究の中に、こんなシナリオがあります。
あなたは非常に大柄な男性と一緒に、線路を見下ろす橋の上に立っている。

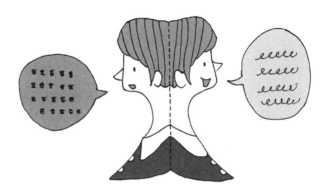

are standing on a bridge overlooking some ❹railroad tracks. A small train is coming and five people are on the track. You have a choice: push the large man onto the track ahead of the train to save the five people, or do nothing and the five people will die.

---

❹ railroad track　線路

小型の列車が近づいてきており、線路上に人が5人いる。あなたには次の選択肢がある。その大柄な男性を押して、列車が近づく線路に突き落とし、5人を助けるか、何もせずに5人を死なせるか。

According to the study, you're more likely to push the man if you consider the scenario using a second language. Why? Because you'll feel an ❺emotional distance. Being less emotional allows us to make more ❻practical decisions — to save five people by pushing one onto the track. On the other hand, when using our native language, the emotional connection is stronger, making decisions less practical.

Plenty of people disagree with these conclusions. Some insist that morals are ❼solid and don't change just by changing languages. But if the study is correct, there could be ❽implications for second language speakers

---

❺ emotional distance　情緒面での距離
❻ practical　実際的な、現実的な
❼ solid　確固たる、がっしりした

❽ implication for ~　~についての含意、
　~への（潜在的）重要性

　その研究によれば、このシナリオを第二言語を使って考えると、男性を突き落とす方を選ぶ可能性が高くなるのだとか。なぜでしょう？　情緒面での距離が生じるからだそうです。感情にあまり支配されないと、より実際的な決断ができる──つまり1人を線路に突き落とせば5人を救えます。一方、母語を使うと感情移入度が強まり、実利の低い決断を下すというのです。
　これらの結論には、多くの人が異論を唱えています。倫理観とは強固なものだから、言語を切り替えたくらいでは変化しない、と主張する人もいます。でも、もしこの研究が正しければ、第二言語を使っている人が、ビジネスや

making decisions in business, interviews, teaching, or a lot of other everyday things.

I've never faced a moral ❾dilemma involving life or death, but during my 15 years in Japan, I often felt like a different person when using Japanese. Sometimes I seemed to be a better version of myself. I was more likely to get angry, for example, if someone was rude to me in English and less likely when speaking Japanese. Japanese tend to be more polite than Americans, so I ❿assumed I was simply acting Japanese when speaking that language. But maybe I felt calmer because there was more emotional distance?

---

❾ dilemma　板挟み、窮地、ジレンマ

❿ assume (that) ...　当然……であると決めてかかる

面接、教育現場、そのほか多くの日常的な場面で決断を下す際に影響があり得ることになります。
　私は、生死に関わる倫理観のジレンマに直面したことはありませんが、日本で過ごした15年間に、日本語を使っていて別人になったような気分になることはよくありました。時々、より優れた自分になったように思えたのです。例えば、誰かに失礼な態度を取られた場合、私は相手が英語を使っていると怒る可能性が高いのに、日本語を話している場面ではそうなることは少ない、という具合でした。日本人はアメリカ人よりも丁寧なことが多いので、日本語を使うと、単に日本人的な振る舞いになるのだろうと思っていました。でも、情緒面で距離ができたために、より穏やかな心境になっていたのかも？

But the truth is, I always felt that Japanese was a more emotional language for me than English. I know I fell in love with a lot more Japanese actors on TV dramas than American ones. And, as I ⓫recall, Japanese students in my classes sometimes got very emotional when speaking English, as they told me about a ⓬beloved dog dying or a ⓭breakup with a boyfriend. I ⓮suspected that speaking English ⓯freed them

---

⓫ recall 　～を思い出す、～を思い起こす
⓬ beloved 　最愛の、大切な
⓭ breakup 　（夫婦や恋人間の）離別、破綻
⓮ suspect that ... 　……ではないかと思う、……だろうと思う
⓯ free ~ to do 　～に自由に…させる

　けれども実のところ、私は常に、英語よりも日本語の方が、自分にとってより感情的な言語だと感じていました。テレビドラマを見ていて、アメリカの俳優より日本の俳優を好きになることの方がずっと多かったのです。そして、私が教えていた日本の学生たちが、英語を話すと、時々とても感情的になったことを思い出します。大好きだった犬が死んだ話や、ボーイフレンドと別れた話をするときなどにです。英語を話すとどことなく自由になれて、そう

somehow to show those emotions publicly.

So, honestly, I don't know whether speaking a second language creates more or less emotional distance. But I do know that it shows us parts of ourselves that we may not have **⓰**encountered before, and that's pretty interesting.

April 2015

⓰ encounter　〜に出会う、〜に出くわす

> した感情をみんなの前で表せるようになるのかな、と思っていました。
> 　そんなわけで、第二言語を使う際に情緒的距離が大きくなるのか小さくなるのかはわからない、というのが、私の正直な気持ちです。けれども第二言語を使うことで、それまで気付かなかった自分自身の一面を見ることができると思いますし、それはとても興味深いことですよね。

True/False Review　内容理解クイズ

解答と日本語訳 ▶ p. 221

エッセイの内容と合っていれば **T**(True)を、違っていれば **F**(False)を選びましょう。

1. Hetherly says that she would be more likely to push an American man onto the railroad tracks than a Japanese man.　**T / F**

2. According to Hetherly, the Japanese language had an emotional impact on her.　**T / F**

Trendy and Not-So-Trendy English

はやりの英語、あまりはやっていない英語

✳

流行語には、年月を経て定着するものと、しないものがあります。
このエッセイでは、さまざまな「はやりの英単語」が紹介されます。
今では廃れてしまったもの、意味や用法を変えながら使われ続けるもの、
「言葉」と呼べないもの(!)まで、流行語の世界を探検してみましょう。

In English — as well as Japanese — we never know how long new words and expressions will last. And if you don't live in the culture, it's hard to know when a certain word or phrase is ❶no longer cool to use.

"Cool" is a perfect example. According to the Online ❷Etymology Dictionary, that word has been used since the 1930s to mean "❸fashionable." It was

---

❶ no longer ~　もはや〜でない
❷ etymology　語源

❸ fashionable　流行の、粋な、おしゃれな

　英語では——日本語でもそうですが——新しい単語や表現がどのくらい長持ちするか、見当も付きません。そして、その言語圏で暮らしていないと、ある単語やフレーズを使うのがもうcool（クール）と言えなくなっても、それに気付くのは難しいものです。
　coolは絶好の例です。「オンライン語源辞典」によると、この単語は1930年代から「粋な」という意味で使われています。私が子どもだった60年代に

popular when I was growing up in the '60s and still is in 2016. It's also ❹extremely ❺versatile. These days, "cool" can mean "good," "fashionable," "interesting," "popular," and even "OK" or "fine." In fact, I use it a lot to mean "OK," as in "Sure, I'm cool with your mom coming to the party."

---

❹ extremely　極めて
❺ versatile　使い道の多い、多目的な

よく使われており、2016年の今でも変わりません。この単語はまた、極めて使い道が広い語でもあります。最近ではcool は「良い」「粋な」「面白い」「人気のある」から、果ては「大丈夫」「構わない」までをも意味します。実際に、私は「大丈夫」の意味でこの単語をよく使います。例えば、「ええ、あなたのお母さんがパーティーに来てもいいわよ」という感じで。

Other words my generation used to mean "cool" or "great" are completely ❻out of style now. You might hear "❼far-out" or "❽outasight" in a ❾hippie movie or on ❿"Mad Men" but probably not anywhere else. "⓫Groovy" is another old hippie word you won't hear much anymore, but I like to use it ⓬now and then. What you will hear everywhere is "⓭awesome." Popular since the '80s among teenagers, this word has lasted, ⓮to my surprise, and now ⓯just about everyone uses it to mean not only "cool," but "super cool."

---

❻ out of style　流行遅れの、廃れた
❼ far-out　かっこいい、斬新な
❽ outasight　抜群の、すごい
❾ hippie　ヒッピーの
　★ヒッピーは、1960年代後半から70年代に、既存社会制度の変革や反戦を掲げ、自由で創造的なライフスタイルを求めた若者たちの呼称。

❿ "Mad Men"　「マッドメン」
　★2007〜15年に放送されたアメリカのテレビドラマ。1960年代のニューヨークの広告業界が舞台。
⓫ groovy　いかした、かっこいい
⓬ now and then　時々
⓭ awesome　すごい、とてもいい
⓮ to one's surprise　〜が驚いたことには
⓯ just about　ほとんど、だいたい

私の世代が「クール」や「すごい」の意味で使ったそのほかの単語は、今では完全に時代遅れになりました。far-out（かっこいい）やoutasight（すごい）を、ヒッピーの出てくる映画や「マッドメン」で耳にするかもしれませんが、おそらく、ほかの場では聞かないでしょう。groovy（いかした）も、もうあまり耳にしない昔のヒッピー言葉ですが、たまに使いたくなります。どこでも耳にする単語としてはawesome（すごい）があります。80年代からティーンエージャーの間でよく使われていましたが、驚いたことに生き残っており、今ではほとんど誰もが「クール」どころか「超クール」の意味でも使っています。

Then there's "ish," originally a word ending or
❶⁶suffix, meaning "❶⁷somewhat," "around," or "kind of."
Examples are "greenish" for a color that's not exactly
green or "50-ish" to describe a person around 50. Now
here's the trend — some people are using the suffix as a
word. "Hungry?" "Yeah. Ish." Or, "Did you say dinner is
at 8?" "Well, ish." But, ❶⁸folks, be careful with this one.
To some people, "ish" sounds silly as a word, and, even
worse, it can also be used as slang for the ❶⁹curse word
spelled s-h-i-t.

---

❶⁶ suffix　接尾辞
❶⁷ somewhat　幾分、多少

❶⁸ folks　皆さん
　★呼び掛けの言葉。この意味では通例、複数形。
❶⁹ curse word　汚い言葉、不快な言葉

それから、ish というのがあります。これはもともと語尾つまり接尾辞で、「幾分」「その辺り」「ちょっと」を意味するものです。例えば、greenish と言えば厳密には緑色ではない色を指し、50-ish と言えば 50 歳前後の人を指します。今の流行はというと──この接尾辞を一つの単語として使う人がいるのです。「おなかすいてる？」「ああ。Ish（ちょっとね）」。あるいは「夕食は 8 時だって言ったっけ？」「うーん、ish（そんなとこ）」。けれども皆さん、この言葉の使い方には注意してくださいね。「ish」は単語としてはばかげて聞こえたり、もっと悪いと、s、h、i、t と綴るののしり言葉に代わる俗語として使われたりすることもあるのです。

Then there's another category [20]altogether — words
and [21]abbreviations used in social media or [22]texting by
younger people. I won't talk about these because I don't
know what any of them mean — and most of them
probably won't last long. But here's an interesting fact.
Every year, Oxford English Dictionary announces a
word of the year, and in 2015 it wasn't a word at all. It

---

[20] altogether　まったく、完全に　　　　[22] texting　携帯メールを打つこと
[21] abbreviation　略語、短縮形

　さらに、全然違う分野の言葉もあります——ソーシャルメディアや携帯メー
ルで若者が使う単語や略語です。これらについては、どれも意味がわからな
いので、語るのをやめておきますが——それに、その大部分が、おそらく長
くは持たないでしょうから。とはいえ、一つ面白い事実があるんですよ。『オッ
クスフォード英語辞典』が毎年、「今年の単語」を発表するのですが、2015年

was the ㉓emoticon, used a lot in social media, for "face with tears of joy" 😂 Speaking of "emoticon," did you know the Japanese word "emoji" has become standard English? That's right. More Americans use the word "emoji" than emoticon. Now that's something to be 😊 (happy) about.

September 2016

㉓ emoticon　絵文字、顔文字
★もともとは、キーボードで打った文字
や記号の組み合わせで顔の表情を示し
たものを指した。

> のそれは、単語でも何でもありませんでした。ソーシャルメディアで多用される絵文字の、「うれし涙の顔＝😂」だったのです。「絵文字」と言えば、「emoji（絵文字）」という日本語が一般的な英語になっているのをご存じでしたか？　そうなんです。emoticonよりもemojiという単語を使うアメリカ人の方が多いんですよ。それは😊（うれしい）ことですね。

True/False Review　内容理解クイズ　　解答と日本語訳 ▶ p. 221

エッセイの内容と合っていれば **T**（True）を、違っていれば **F**（False）を選びましょう。

1. Hetherly describes "awesome" as another word for "cool."

T / F

2. According to Hetherly, in 2015, the word "emoji" was chosen as the Oxford English Dictionary's word of the year.

T / F

A Dog's Life
犬の暮らし

✽

犬は、人間に最も身近な動物の一つとして、愛され大切にされてきました。
しかし、犬にまつわる英語表現には、否定的なものが多いようです。
タイトルになっている "a dog's life" という慣用表現は、
現在の「犬の暮らし」を表すのにふさわしいのでしょうか？

Learning a language well also means learning the culture. But sometimes words and culture ❶clash. The language of dogs is a good example. Is the status of dogs in American culture high or low? The language tells two different stories.

I can't remember a time when dogs weren't loved in

---

❶ clash　ぶつかる、調和しない

言葉をしっかり学ぶことは、文化を学ぶことでもあります。けれども時に、言葉と文化はぶつかり合います。犬にまつわる言葉は、その良い例です。アメリカ文化において、犬の地位は高いのでしょうか、低いのでしょうか？　言葉に着目すると、2つの異なる話が見えてきます。
　アメリカ文化において、犬が愛されなかった時代は私の記憶にはありません。

American culture. I grew up watching ❷"Lassie" and ❸"The Adventures of Rin Tin Tin," two popular TV shows ❹starring a ❺collie and a ❻German shepherd dog. Both were heroes in every episode, often saving people's lives and always being "❼man's best friend."

---

❷ "Lassie" 「名犬ラッシー」
★コリー犬を主人公とする児童小説
*Lassie Come-Home*のテレビドラマ版
(1954-73)。映画や漫画にもなった。

❸ "The Adventures of Rin Tin Tin" 「名
犬リンチンチン」 ★少年兵を助けて活躍
するジャーマン・シェパード犬が主人公
の、テレビ西部劇 (1954-59)。

❹ star ～を主演させる

❺ collie コリー (犬) ★スコットランド原産
の牧羊犬。警察犬、救助犬としても働く。

❻ German shepherd dog ジャーマン・シェ
パード犬 ★ドイツ原産の牧羊犬。軍用
犬、警察犬などとしても働く。

❼ man's best friend 人間の最良の友
★犬のことを指す決まり文句。

私は「名犬ラッシー」と「名犬リンチンチン」を見て育ちました。この2つの
人気テレビ番組では、コリーとジャーマン・シェパードが主役でした。2匹と
も、全エピソードでヒーローでした。何度も人命を救い、いつも「人間の最良
の友」だったのです。

[8]Apart from these hero dogs, many of us grew up with our own family dogs. These were our pets and we loved them, but the way people love their dogs now is very different. For a lot of dog owners these days, dogs are not pets anymore, they're family. Dogs are our "babies" or "[9]fur babies," and we are their "parents." It's not uncommon for single women or men to prefer spending Saturday night with their dog instead of going out with friends or on a date. Dogs replace [10]spouses for some and children for others. Our dogs sleep with us or have their own [11]memory foam beds, eat home-cooked

---

[8] apart from ~　～は別として
[9] fur baby　毛皮のある子ども
★犬や猫など、毛のふさふさしたペットのこと。

[10] spouse　配偶者
[11] memory foam bed　形状記憶（マットレス）のベッド

　このようなヒーロー犬は別として、私たちの多くが子どもの頃、家で犬を飼っていました。こうした犬はペットで、誰もがかわいがっていたわけですが、現代の犬のかわいがり方は、全然違います。最近では、犬の飼い主の多くにとって、犬はもはやペットではなく、家族です。犬は「赤ちゃん」あるいは「毛皮のある赤ちゃん」であり、自分はその「親」だというわけです。独身の女性や男性が、土曜日の夜、友達と出掛けたりデートしたりするよりも、自分の飼い犬と過ごすのを好む、というのも珍しいことではありません。ある人たちにとって、犬は配偶者の代わりであり、またある人たちにとっては、子どもの代わりなのです。犬は飼い主と一緒に寝たり、自分専用の形状記憶ベッドを持っていたりしますし、手作りの食事を取り、高価なビタミン剤やサプリ

meals, take expensive vitamins and supplements, and have birthday parties with presents and cake.

Still, in spite of the high status of dogs in the culture, negative expressions are everywhere. "Dog" can be used to describe an ugly woman, a cheating man, or any undesirable person. I [12]was reminded of this during the recent U.S. presidential campaign. [13]Donald Trump [14]has a long record of [15]insulting people, especially on Twitter, calling them "dogs" and using expressions such as "he was fired like a dog." He uses this kind of expression so often the media reported it as evidence of

---

[12] be reminded of ~ 　~を思い出させられる、~に気付かされる
[13] Donald Trump　ドナルド・トランプ ★(1946-)。第45代アメリカ大統領（在任2017-21）。
[14] have a long record of doing　長期にわたって~した経歴がある
[15] insult　~を侮辱する

メントを服用し、誕生日パーティーではプレゼントやケーキをもらいます。
　それでも、文化の中で犬の地位が高いにもかかわらず、否定的な表現が氾濫しているのです。dogは、醜い女性や信用ならない男性など、あらゆる好ましからざる人物の描写に使われることがあります。このことを、今回のアメリカ大統領選挙の間に思い出させられました。ドナルド・トランプは、特にTwitter上で長いこと人々を侮辱してきた経歴を持ち、相手を「犬」呼ばわりしたり、「あいつは犬みたいに惨めにクビになった」などという表現を使ったりしています。こうした表現をあまりにも頻繁に使うので、メディアは、

his bad character. Trump has no idea what dogs are, they ⑯claimed, and probably never even had one.

"It's a dog's life" is an old expression meaning life is hard and terrible. That's ⑰ironic since so many dogs ⑱live in luxury these days. Sadly, too many homeless

---

⑯ claim　～を主張する
⑰ ironic　皮肉な

⑱ live in luxury　ぜいたくに暮らす

それをもって彼が性悪であることの証しだと報じました。トランプは犬の何たるかをわかっていないし、おそらく一匹も飼ったことがないのだろう、とメディアは主張したのです。

　It's a dog's life.（ひどい暮らしだ）は古くからある表現で、暮らしが厳しく悲惨であることを意味します。これは皮肉な話です。というのも、最近では、

dogs and those in bad homes do have hard lives. But no matter how people use the language, "a dog's life" these days can be pretty wonderful.

February 2017

とてもたくさんの犬がぜいたくに暮らしているのですから。悲しいことに、野良犬や劣悪な環境で飼われている犬もあまりに多く、彼らは間違いなく厳しい生活を送っているわけですが。とはいえ、人がこの言葉をどう使おうと、近頃の「犬の暮らし」は、かなり快適であり得るのです。

True / False Review 内容理解クイズ   解答と日本語訳 ▶ p. 221

エッセイの内容と合っていれば **T**(True)を、違っていれば **F**(False)を選びましょう。

1. According to Hetherly, there was a time when Americans didn't love dogs. **T / F**

2. Hetherly says that, these days, even homeless dogs have a good life in the U.S. **T / F**

Chapter

4

変化するアメリカ

✦ —— ✦ —— ✦

🔊 21

Singing America
アメリカを歌えば

※

「アメリカ国歌は必ず英語で歌われるべきか?」
今世紀が始まって間もなく、そんな議論が白熱しました。
多民族・多文化国家のアメリカを象徴するトピックですが、
日本に住む私たちにとっても、考えさせられる点が大いにあります。

I have never heard "Kimigayo," the Japanese
❶national anthem, sung in English. But it is easy to find
English translations of the song on the Internet. How
would most Japanese feel, though, if some foreign
residents of Japan wanted to sing "Kimigayo" in English
rather than in Japanese?

---

❶ national anthem　国歌

　日本の国歌、「君が代」が英語で歌われるのを聞いたことは一度もありません。けれどもこの歌の英語訳はインターネット上で簡単に見つかります。でも、もし日本に住んでいる外国人の中で「君が代」を日本語ではなく英語で歌いたいという人がいたら、大半の日本人はどう思うでしょうか?

Americans are in the middle of a hot debate about this **❷**very issue in the United States. **❸**Specifically, should the **❹**"Star-Spangled Banner," America's national anthem, be sung only in English? President **❺**George Bush thinks so, and a majority of Americans seem to think so, too. This debate heated up when a new

---

❷ very　ちょうどその、まさしくその
❸ specifically　明確に言うと、具体的に言うと
❹ "Star-Spangled Banner"「星条旗」
　★アメリカ国歌。1931年に採択された。

❺ George (W.) Bush　ジョージ・（W・）ブッシュ
　★(1946-)。第43代アメリカ大統領（在任2001-09)。

　アメリカでは、アメリカ人がちょうどこの問題について熱い議論を戦わせている真っ最中です。はっきり言うと、アメリカの国歌、「星条旗」は英語でしか歌われるべきでないのでしょうか？ ジョージ・ブッシュ大統領はそのように考えていて、アメリカ人の大多数も同意見のようです。2006年の4

Spanish language version of the song was first sung by Latin pop stars in late April of 2006.

Strong reactions against the Spanish version surprised me. Some people, including some Mexican Americans, believe the anthem should not even be translated into other languages. They give reasons like the national anthem in its original language is [6]sacred or traditional or a symbol of national pride and [7]unity. But what is the real issue here?

Actually, the national anthem debate is part of a larger, more [8]complicated debate about [9]immigration

---

[6] sacred　神聖な
[7] unity　一体感、結束
[8] complicated　複雑な

[9] immigration　外国から移住すること、移民すること
★p. 146、2行目のimmigrantは「移民、移住者」の意。

　月下旬にラテン系のポップスターが初めて、国歌を新しいスペイン語バージョンで歌ったときに、この議論は一段と激しくなりました。
　スペイン語バージョンに対する強い反応に、私は驚きました。一部のメキシコ系アメリカ人を含む、ある人々は、国歌がほかの言語に訳されるべきですらないと考えているのです。その理由として、原語による国歌が神聖だとか、伝統的だとか、国民の自尊心と一体感の象徴だとかいったことを挙げています。けれども、ここで問題になっているのは本当は何なのでしょうか？
　実は、国歌に関する議論は、移民とアメリカ人のアイデンティティーにまつわる、もっと大きな、もっと込み入った議論の一部なのです。国民のアイ

and American identity. National identity is a ❿tricky issue in any country. Even in Japan, people disagree strongly over whether or not "Kimigayo" should represent Japan and be sung by all Japanese people. Good or bad, people get emotional over issues like ⓫patriotism and what it means to be Japanese, American, or whatever ⓬nationality one happens to be. And for many of them, language is a big part of that identity.

Maybe something good can come out of this debate. It should ⓭remind us of how powerful language is and how valuable it is to know more than one. Personally,

---

❿ tricky　扱いにくい、落とし穴のある
⓫ patriotism　愛国心
⓬ nationality　国民であること、国籍
⓭ remind A of B　AにBを思い出させる

デンティティーは、どの国においても厄介な問題です。日本でも、「君が代」が日本を象徴し、すべての日本人がこれを歌うべきか否かについて、強い反発があります。愛国心、そして日本人やアメリカ人、あるいはどこであれ自分が偶然生まれてきた国の国民であることの意味、といった問題について、人は良かれ悪しかれ感情的になります。そしてそういう人の多くにとって、言語はアイデンティティーの大きな部分を占めるのです。

　もしかすると、この議論には良いおまけがついてくるかもしれません。言語の持つ力がいかに強いか、そして2つ以上の言語を知っていることがいかに大切か、ということを私たちに思い出させてくれるはずだからです。私は、

I think the American national anthem in Spanish is
beautiful. Many of the immigrants singing it say they
believe in the American dream, and that dream is
expressed in the national anthem no matter what
language is used. Some of them don't know English yet,
but they want to sing their desire to belong in the new
country. Others are bilingual and [14]take pride in both
their [15]native and their new culture. What better way to

---

[14] take pride in ～   ～に誇りを持つ
[15] native   生まれた国の

個人的には、スペイン語のアメリカ国歌は美しいと思っています。スペイン
語で歌う移民の多くが、アメリカンドリームを信じていて、そして何語で歌
おうと、その（アメリカン）ドリームは国歌の中に表されています。彼らの中
には、まだ英語を知らない人もいますが、新しい国の一員になりたいという
強い願いを歌いたいのです。バイリンガルの人もいて、彼らは自分の母国の
文化と、新しい文化の両方に誇りを持っています。その気持ちを表現するのに、

express that than by ⑯celebrating America in Spanish?

Americans are ⑰notorious for being ⑱monolingual and U.S.-centered. If more people would ⑲embrace other languages and the cultural knowledge that language study brings, America could be a better place for everyone.

August 2006

---

⑯ celebrate　〜を褒めたたえる
⑰ notorious for 〜　〜で悪評の高い
⑱ monolingual　1言語使用の

⑲ embrace　〜を喜んで受け入れる、〜に進んで取り組む

スペイン語でアメリカを褒めたたえる以上に良い方法があるでしょうか？
　アメリカ人は、英語しか話せず、アメリカ中心主義であるとの悪評で知られています。もし、もっと多くの人がほかの言語と、語学学習から得られる文化的知識を受け入れるようになれば、アメリカはすべての人にとって、より良い場所になるのではないでしょうか。

True / False Review　内容理解クイズ
解答と日本語訳 ▶ p. 221

エッセイの内容と合っていれば **T**（True）を、違っていれば **F**（False）を選びましょう。

1. Hetherly says that many Americans seem to believe that the U.S. national anthem should only be sung in English.　**T / F**

2. Hetherly believes that it would be good for the U.S. if more people there studied foreign languages.　**T / F**

The Personal Is Political

個人的なことは政治的なこと

※

2012年、バラク・オバマ大統領の再選が決まった頃、
ヘザリさんにとってうれしいニュースが飛び込んできました。
平等と正義にアメリカが少しずつ近づいていることへの希望と、
若い世代への期待が、温かく力強い言葉で伝えられます。

  In the U.S., there's always something personal about politics. I wish I could speak as **❶**passionately as **❷**Michelle Obama did before **❸**the 2012 election about why "The personal is political," an expression made popular by the 1960s women's movement. She

---

Title The personal is political.　個人的なこ
 とは政治的なことである。
 ★1960年代後半から70年代の女性解
 放運動で使われたスローガン。「女性に
 とって状況がいかに厳しいかを個人的に
 認識することは、政治的行動を起こすの
 と同じぐらい大切である」という意味。本
 文5行目のthe 1960s women's
 movementは、この運動を指す。

❶ passionately　情熱的に、熱烈に
❷ Michelle Obama　ミシェル・オバマ
 ★(1964-)。第44代アメリカ大統領バ
 ラク・オバマの妻。
❸ the 2012 election　2012年の選挙
 ★2013年1月から4年間の任期を務め
 るアメリカ大統領、副大統領を選ぶ選挙。
 2012年11月に一般投票が行われ、バラ
 ク・オバマの続投が決まった。

 アメリカでは、政治には常に個人的な側面が付いて回ります。2012年の大
統領選の前にミシェル・オバマが、1960年代の女性運動で一般に広まった
スローガン、「個人的なことは政治的なことである」のはなぜかについて語っ
たのと同じように、私も熱く語ることができたらいいのですが。彼女は、こ

mentioned many choices ❹at stake in the election, like how we take care of our health, who we love and marry, and who ❺gets to live in the United States. When the election results came in, I was happiest about the personal victories.

---

❹ at stake　問題となって、危うくなって
❺ get to do　〜できる機会を得る

の選挙戦の行方が懸かっているさまざまな選択肢に言及しました。例えば、健康をどう保つか、誰を愛して誰と結婚するか、そして誰がアメリカに住めるか、といったことについてです。選挙の結果が出たとき、私が一番うれしかったのは、その個人的な勝利についてです。

The most welcome news for me was the passing of ❻gay marriage ❼amendments in Maine and Maryland. That means same-sex marriage is now legal in nine out of 50 states. It also means my sister can finally get married in Maine, where she and her partner have made a life together for 28 years. These two are a model couple to all their gay and ❽heterosexual friends. Having ❾gone through divorce myself and watched most of my friends go through it as well, some more than once, my sister and her partner stand like a solid rock against all ❿obstacles. The idea that their ⓫union was considered

---

❻ gay marriage　同性婚
　★ここでの gay は「同性愛者の」の意。
❼ amendment　改正案
　★大統領選挙に合わせて、同性婚の是非を問う住民投票が4州で実施され、メーン州とメリーランド州で同性婚が認められた。

❽ heterosexual　異性愛の
❾ go through ~　~（つらいこと）を経験する
❿ obstacle　障害、支障
⓫ union　結び付き、組み合わせ

　私にとって最も喜ばしかったニュースは、メーン州とメリーランド州で同性婚に関する改正案が通過したことでした。これによって今や、50州のうち9州で同性同士の結婚が合法になりました。そしてそれは、私の姉が、ようやく結婚できるようになったことも意味します。パートナーとともに28年間生活してきたメーン州で。この二人は同性愛、異性愛を問わずすべての友人の間で理想のカップルです。私自身が離婚を経験し、そして大半の友人が同じく離婚を経験し、中には複数回それを経験しているのを見てきた中で、姉とそのパートナーは、あらゆる障害をものともしない堅固な岩のように、しっ

"wrong" by the state for 28 years seems crazy, but in the spring of this year, they will be married.

I asked my sister if she ⓬credited President Obama with the⓭passage of gay marriage in Maine. She thought for a minute and said, "No, the credit really goes to young people." And that ⓮brings up something else that I'm very happy about on a personal and political level. ⓯Statistics show that both the youth and ⓰Latino vote were ⓱critical to Obama's victory. Young people are growing up more ⓲tolerant than many of their elders, and they will have a big impact on the future if they

---

⓬ credit A with B　A（人）にB（達成・進歩など）の功績があると思う
　★2行下のcreditは名詞で「功績、手柄」の意。
⓭ passage　（法案などの）可決、通過
⓮ bring up ~　～（話題など）を持ち出す
⓯ statistics　統計資料、統計データ
⓰ Latino　ラテンアメリカ系人（の）
⓱ critical　決定的な、重大な
⓲ tolerant　寛容な

かりと立っています。28年間、二人の結び付きがメーン州から「不適切」と見なされてきたことが異常なことに思えますが、この春、二人は結婚します。
　メーン州での同性婚法案の通過はオバマ大統領の功績と思うかどうか、姉に聞いてみました。少しの間考えた姉は、「そうは思わない、実際には若者の功績だ」と答えました。それは、私が個人的にも政治的にもとてもうれしく思っている、別のことを呼び起こします。統計によると、（2012年の大統領選で）若者とラテン系アメリカ人の票がオバマ勝利の決定打になったそうです。若者は、上の世代の多くの人々よりも寛容に成長していて、彼らが政治に関心を持ち続ければ、大きな影響を将来に与えるでしょう。ラテン系アメリカ人は、

continue to [19]be politically involved. Latinos are the largest and fastest growing [20]minority group in the U.S. This election showed that if they put their voices together, they can influence major decisions, like how [21]immigrants and their children are treated in this country. What could be more important to a nation built by and for immigrants?

---

[19] be involved　関与する

[20] minority group　少数者集団、少数派

[21] immigrant　移民

アメリカにおいて最も大きく、最も速く人口が増えている少数派集団です。今回の選挙では、ラテン系アメリカ人が一致団結すれば、アメリカにおける移民やその子どもたちの扱われ方のような重要な決定に影響力を持ち得ることが証明されました。移民の手で移民のために建国された国にとって、これ以上大切なことがあるでしょうか？

I spent years in Japan teaching university students about the huge gap between American ideals and reality, from the birth of the country into the present. That gap still exists and probably always will, but with election 2012, we came just a little closer to [22]equality and justice for all.

March 2013

　★このequality and justice for allは、アメリカの「忠誠の誓い」(議会などで暗唱される宣誓)にある、liberty and justice for all を踏まえた表現。

　　日本で過ごした何年もの間、私は、アメリカの誕生から今に至るまでの理想と現実の大きな隔たりについて、大学生に教えていました。その隔たりはまだ存在しますし、おそらくこれからも存在し続けるでしょう。でも私たちは、2012年の大統領選を経て、あらゆる人にとっての平等と正義にほんの少し近づいたのです。

True/False Review　内容理解クイズ　　解答と日本語訳 ▶ p. 221

エッセイの内容と合っていれば **T**(True)を、違っていれば **F**(False)を選びましょう。

1. According to Hetherly, although her sister has been married for 28 years, the state has thought it is "wrong."　**T / F**

2. Hetherly says that she is pleased that young people and Latinos voted for Obama.　**T / F**

23

An Unpopular Subject

ある不人気な話題

✳

戦争への反対は公言できるが、軍隊への反対は公言できない——
アメリカに存在するこのジレンマについての文章です。
アメリカ以外の場所でも、平和についての議論に付随することのある
この問題について、ヘザリさんが考察します。

Every culture has its own ❶taboo topics and questions. But outside our own culture, we may not know what they are. As many people in Japan protest the changing role of ❷the Self-Defense Forces there, ❸I'm reminded of a topic in the U.S. that's very hard to talk about.

---

❶ taboo　タブーの、避けるべき、(社会の
　慣例として) 禁止された
❷ the Self-Defense Forces　自衛隊
❸ be reminded of ~　~を思い出させられ
　る、~に気付かされる

　どの文化にもそれぞれ、避けるべき話題や質問があるものです。けれども、
自分の属する文化以外のことだと、それが何かはわからないかもしれません。
日本で多くの人が、自衛隊の役割が変わることに抗議する中、思い出される
のは、アメリカでとても話しづらい、ある話題です。

These days, Americans generally see ❹military men and women as heroes, but that has not always been true. ❺In particular, during the ❻Vietnam War, the military was very unpopular among many Americans. John Lennon and Yoko Ono helped make this ❼era famous with their 1969 anti-war song, ❽"Give Peace a Chance."

---

❹ military　軍の、軍隊の
　★2行下などの場合のように、同形で「軍隊」の意の名詞としても用いられる。
❺ in particular　特に、とりわけ
❻ Vietnam War　ベトナム戦争
　★(1954-75)。

❼ era　年代、時期
❽ "Give Peace a Chance"　「平和を我等に」
　★(1969)。ジョン・レノンがオノ・ヨーコと歌った、1970年代の代表的な反戦歌。

　近頃では、アメリカ人は一般的に軍隊の男性や女性をヒーローと見なしますが、今までずっとそうだったわけではありません。とりわけベトナム戦争中は、多くのアメリカ人が軍隊を嫌っていました。ジョン・レノンとオノ・ヨーコは、1969年の反戦歌「平和を我等に」で、その時代を有名にするのに

The late '60s and '70s are known for the "love and peace" movement ❾illustrated by this song, but that era is also known for the ❿hostility toward American soldiers as they returned home from the war.

For people born in the U.S. after the Vietnam War and especially those born after ⓫9/11, it must be impossible to imagine such hostility against soldiers. These days, it's unacceptable, even taboo, to ⓬voice ⓭opposition against military men and women. It's OK to be openly against war, but not against Americans

---

❾ illustrate　〜を例証する、〜を明示する
❿ hostility　反感、反発
⓫ 9/11　9.11
★2001年9月11日にアメリカで発生した、航空機を使った同時多発テロ事件を指す。

⓬ voice　〜を言葉に表す、〜を表明する
⓭ opposition　反対、反発

一役買いました。1960年代末と70年代は、この歌に象徴される「ラブ＆ピース」運動で知られていますが、同時に、戦争から帰還したアメリカ人兵士に反感が向けられた時代であることでも、知られています。
　ベトナム戦争後、そしてとりわけ9.11後のアメリカに生まれた人々にとっては、兵士へのそのような反感など、きっと想像もできないでしょう。最近では軍隊の人々への反発を口にすることなど受け入れられず、禁じられていると言っていいほどです。戦争に公然と反対するのは構わないのですが、戦

who fight wars. In fact, there's even a ⓮set expression that's heard a lot whenever the U.S. ⓯is involved in any kind of war: "I support our ⓰troops but not the war." Even the language has changed from soldiers to troops.

Here's my ⓱dilemma. If you are a true ⓲pacifist, why would you support troops, whose ⓳willingness to fight makes war possible. Of course, a lot of people who join the military are young or poor and don't even understand where they're going or why. But a lot of others join proudly because it's a family tradition or

---

⓮ set expression　決まり文句
⓯ be involved in ~　~に関与する、~に参加する
⓰ troops　軍隊、（軍の）兵士たち
　★この意味では通例、複数形。
⓱ dilemma　板挟み、（苦しい選択を迫る）難題、ジレンマ

⓲ pacifist　平和主義者
　★p. 158、3行目のpacifismは「平和主義、戦争反対」の意。
⓳ willingness　いとわないこと、進んですること

　場で戦うアメリカ人に反対するのは駄目なのです。実際、アメリカが何らかの戦争に関与するたびに頻繁に耳にする決まり文句まであります。それは「わが国の軍隊は支持するが、戦争は支持しない」というものです。言葉までもがsoldiersからtroopsに変わりました。
　ここで私はジレンマに陥るのです。真の平和主義者なら、なぜ軍隊を支持するのでしょうか。彼らが進んで戦うからこそ、戦争が可能になってしまうのに。もちろん、入隊する人の多くが若く、あるいは貧しくて、自分たちがどこへ、どんな理由で向かっているのかすら、わかっていません。しかし一方で、一家の習わしだからだとか、自らが戦いに赴こうとしている戦争に心から意

they truly ❷⓿believe in the war they're going to fight.

When I taught in Japan, my students and I often talked about topics like pacifism and the military. I can remember female students saying they would not date a man in the military because he wouldn't be attractive to them. They all ❷❶identified as pacifists, which I greatly admired.

My point is not that ❷❷protesters were right to treat

---

❷⓿ believe in ~　～の価値を信じる、～の正　❷❷ protester　抗議する人、異議を唱える人
当性を信じる
❷❶ identify as ~　～としての立場を自覚する

義を感じているから、といった理由で、誇りを持って入隊する人もたくさん
いるのです。
　日本で教えていた頃、平和主義や軍隊といった話題で、学生たちとよく話
をしました。軍隊に所属する男性が魅力的に思えないから、そういう人とは
付き合わない、と女子学生たちが言っていたことを思い出します。彼女たち
みんなに、平和主義者としての思いがあり、それを私は本当に素晴らしいこ
とだと感じました。
　何も、反戦主義者たちがベトナムからの帰還兵を冷遇するのが正しかった、

soldiers coming home from Vietnam badly. That was
[23]cruel, especially since many of them were already
[24]psychologically damaged from the war. I do believe,
though, that until people can honestly say they don't
support war or the idea of men and women going to
battle, war will always be with us.

February 2016

---

[23] cruel　残酷な
[24] psychologically　心理的に、精神的に

> と言いたいわけではありません。あれは残酷でした。彼らの多くがすでに戦
> 争で心に傷を負っていたのですから、なおさらです。けれども、誰もが正直に、
> 戦争を、ひいては人々が戦いに赴くという考えを支持しない、と言えるよう
> になるまでは、戦争はいつまでも私たちに付きまとうだろう、とつくづく思
> うのです。

True/False Review　内容理解クイズ　　解答と日本語訳 ▶ p. 221

エッセイの内容と合っていれば **T**(True)を、違っていれば **F**(False)を選びましょう。

1. Hetherly says that, in the U.S. today, troops are considered
heroic as a whole.　**T / F**

2. Hetherly thinks that soldiers who fought in Vietnam
deserved to be treated badly.　**T / F**

24

Working With Millennials

ミレニアル世代と働く

❋

2010年代からさまざまな職場で重要な地位に就き始め、
変化への期待を担う「ミレニアル世代」についてのエッセイです。
ヘザリさんの20代の上司が職場に新しい風を
吹き込んでくれる様子が、ユーモラスに語られます。

My new boss at the library is ❶20-something, and before January she was my ❷co-worker. At first I was ❸skeptical. Could she handle the pressures of a high-level position? Would she be ❹confident enough to ❺supervise her former supervisor as well as three other full-time employees with more ❻seniority than her?

Title Millennial　ミレニアル世代の人
　★主に1980年代から2000年代初め
　に生まれ、インターネットが普及した環境
　で育った最初の世代に属す人。
❶ 20-something　20代の、20何歳かの

❷ co-worker　同僚
❸ skeptical　懐疑的な
❹ confident　自信に満ちた
❺ supervise　〜を監督する、〜を指揮する
❻ seniority　先輩であること、年功（序列）

　　図書館での私の新しい上司は、20代の女性で、1月になるまでは同僚でした。
初めは疑っていたんです。高いポジションに就いて、彼女はそのプレッシャー
に対処できるだろうか？　自分よりも先輩に当たる3人の正規職員に加えて、
かつての上司の上にも立つ自信はあるのだろうか？　そして何よりも恐れて

And scariest of all, would she be a ❼micromanager, like
a lot of new bosses? But ❽guess what. After three
months, she's doing a great job, not micromanaging
(for the most part!), and she brings a new "Millennial"
approach to the workplace, which is dynamic and
sometimes amusing.

---

❼ micromanager　細かいことまで管理す
る管理者
　★2行下のmicromanageは動詞で「細
かいことまで管理する」の意。

❽ guess what　驚くなかれ、信じられない
かもしれないが
　★驚くような話の前置きとして用いる。

いたのは、上司になりたての人の多くがそうであるように、細かいことまで
管理したがる管理職になってしまうのだろうか？　といったことでした。と
ころがどっこい。3カ月たちましたが、彼女の働きぶりは素晴らしく、事細
かに管理することもなく（大部分においては！）、活気あふれる、時に楽しい「ミ
レニアル世代的」手法を、職場に持ち込んでいるのです。

In fact, the majority of new positions these days are being filled by Millennials. After all, this is the generation born from the early 1980s to around 2000, so they are currently in their late teens to around 35. Libraries, unlike many business environments, [9]embrace change. That's probably why a 20-something was able to [10]skyrocket to a management position while others here [11]are stuck in positions they've held for 10 or 20 years [12]with no [13]promotion in sight. Goodbye seniority and experience; hello youth, energy, and new ideas.

Here are some [14]highlights of the new work

---

[9] embrace　～を喜んで受け入れる
[10] skyrocket　急に出世する
[11] be stuck in ~　～にはまり込んでいる、
　～から抜け出せないでいる
[12] with no ~ in sight　～の見込みがない
　状態で、～の見当がつかないまま

[13] promotion　昇進
　★p. 164、4行目の promote は動詞で
　「～を販売促進する、～を宣伝する」の意。
[14] highlight　顕著な出来事、最重要点

実のところ、最近では新しいポジションの大部分にミレニアル世代が就いています。何しろ彼らは1980年代前半から2000年ごろに生まれた世代ですから、今は10代後半から35歳前後。多くのビジネス環境と異なり、図書館は、変化を前向きに受け入れます。たぶんそれが理由で、ここで10年も20年も昇進の当てがないポジションから抜け出せない人がいる一方で、20代の人が管理職までスピード出世することができたのでしょう。年功序列や経験に別れを告げ、若さとエネルギー、新しいアイデアを歓迎しよう、というわけです。

environment. With Millennials, everything is on Facebook. As a **⑮**Time magazine article put it, "They don't separate their personal and **⑯**professional lives." So I know a lot about my younger **⑰**colleagues: one is looking for someone to drink **⑱**tequila with on Friday night; one is **⑲**upset about a student falling asleep in her class, but thrilled with a new teaching technique she used; one is depressed from a bad **⑳**breakup; one **㉑**dyed the **㉒**underside of her hair purple and is excited about a new **㉓**tattoo covering her entire shoulder and upper arm in bright colors (that's my boss!).

---

❶ Time 「タイム」
★アメリカのニュース週刊誌。1923年
創刊。
❶ professional　職業上の
❶ colleague　同僚
❶ tequila　テキーラ
★メキシコ産の蒸留酒。

❶ upset　取り乱して、腹を立てて
❷ breakup （夫婦や恋人間の）離別、破綻
❷ dye　〜を染める
❷ underside　下面、下側
❷ tattoo　入れ墨、タトゥー

新しい職場環境の目玉はこんな感じです。ミレニアル世代に関して言うと、すべてがFacebookに載っています。「タイム」誌の記事にあったように、「彼らは私生活と職業生活を区別しません」。だから、私は、年下の同僚たちについて、いろいろなことを知っているのです。金曜日の夜に一緒にテキーラを飲む相手を募集中の人。自分の授業で学生が眠ってしまったことに腹を立てているけれど、新しい教授法を試してわくわくしている人。後味の悪い破局に意気消沈している人。髪の毛の下半分を紫色に染め、肩と二の腕をすっかり覆う鮮やかな色のタトゥーを新たに入れてご機嫌な人（それが私の上司です！）。

Facebook is an odd [24]phenomenon in the workplace anyway. Even supervisors send you friend requests, and how can you say no? More and more organizations use Facebook these days to promote services, so there is no clear line between personal and professional. Still, most non-Millennials are conservative about the personal information we post, while Millennials may share all the [25]ups and downs of their days.

---

[24] phenomenon　現象、事実
[25] ups and downs　浮き沈み、好不調

Facebookは、どうあれ職場では奇妙な現象です。上司さえもが友達リクエストを送ってくるわけで、それを拒むことなんてできますか？　最近ではサービスを宣伝するためにFacebookを使う組織がどんどん増えて、私生活と仕事の境界があいまいになっています。依然としてミレニアル世代以外の大半は、個人的な情報を投稿することに慎重ですが、ミレニアル世代は、日々のあらゆる浮き沈みを分かち合うのかもしれません。

This makes me feel a bit like a [26]voyeur looking through someone's window. [27]Baby boomers like me tend to [28]compartmentalize our lives into work and non-work and avoid [29]socializing with our colleagues. Millennials are the opposite. It's not surprising that they also seem to be having a lot more fun at the office, and that is probably a very good thing.

July 2016

[26] voyeur　のぞき魔、詮索好きな人
[27] baby boomers　ベビーブーム世代
　★第２次世界大戦直後の1940年代後半から1960年代前半までの、出生率の高かった時代に生まれた世代

[28] compartmentalize　〜を区画に分ける
[29] socialize with 〜　〜と付き合う

　こうなると、自分がいささか、他人の窓越しにのぞき見をする人になったような気分です。私のようなベビーブーム世代は、生活を仕事とそれ以外に分けたがり、同僚との付き合いは避けがちです。ミレニアル世代はその逆。彼らが職場で、（私たちより）ずっと楽しそうにも見えることは驚くに当たりませんし、それはたぶん、とてもいいことなのです。

True/False Review　内容理解クイズ
解答と日本語訳 ▶ p. 222

エッセイの内容と合っていれば **T**（True）を、違っていれば **F**（False）を選びましょう。

1. According to Hetherly, her new boss had never worked in a library before.　**T / F**

2. Hetherly feels a little uncomfortable about looking at her younger co-workers' posts on Facebook.　**T / F**

Chapter

5

2つの国の間で

+ —— + —— +

25

March 11, 2011

2011年3月11日

✳

2011年3月11日に起こった東日本大震災の、
甚大な被害に向き合う人々に向けて書かれた文章です。
「日本人の強さについて学んだ」というヘザリさんが、
苦闘する一人一人を思い、語り掛けます。

On ❶September 11, 2001, I was in Tokyo. Day after day, I sat ❷glued to the TV, watching those planes fly into the ❸World Trade Center buildings and hearing the 9/11 story ❹unfold. What a strange and helpless feeling to watch America's crisis from ❺afar. I wanted to be there, experiencing the sadness and recovery with

---

❶ September 11, 2001　2001年9月11日
　★この日にアメリカで、航空機を使った
　同時多発テロ事件が起った。3行下の
　9/11はその事件を指す。
❷ glued to the TV　テレビの前にくぎ付け
　になって

❸ World Trade Center　世界貿易センター
　★アメリカ、ニューヨークにあった高層ビ
　ル群。9.11のテロ事件で主要2棟が崩壊
　し、壊滅状態になった。
❹ unfold　展開する、明らかになる
❺ afar　遠方

　2001年9月11日、私は東京にいました。来る日も来る日もテレビにかじ
りついて、あの飛行機が世界貿易センタービルに突っ込んでいく映像を見たり、
明らかになっていく9.11関連のニュースを聞いたりしました。アメリカの危
機を遠く離れた地から眺めるのは、なんと不思議で、やるせない心地だった
でしょう。その場にいて、友達や家族と一緒に悲しみや復興を、身を持って

friends and family. Japan's recent ❻disaster brought those memories back, along with a lot of similar feelings.

When I turned on the TV the morning of March 11, the focus was on Hawaii since the tsunami had just reached there. I was in a panic trying to get details about Japan. Finally, more information started coming in, and

---

❻ disaster　災害、大惨事

経験したかった。先日の日本の災害は、たくさんの似たような気持ちと共に、当時の記憶をよみがえらせました。

　３月11日の朝にテレビをつけたとき、話題の中心はハワイでした。ちょうど津波がハワイにも押し寄せたところだったのです。私は慌てふためいて、日本がどういう状態なのか詳しく知ろうとしました。やっと少しずつ情報が

we began to see some of the same images [7]folks in Japan were seeing, like the [8]shaky videos taken by people watching the waves approach and [9]engulf Japan's coast. As the hours and days went by, we heard the interviews and stories of survivors: the older woman who escaped the tsunami on her bicycle, and all those just trying to do their best in the [10]shelters. Then, as the [11]nuclear crisis developed, reports [12]poured in about the brave men [13]risking their lives for Japan's safety.

From all these and other reports on radio and TV, Americans learned a lot about the strength of Japanese

---

[7] folks　人々
　★この意味では通例、複数形。
[8] shaky　よろよろする、不安定な
[9] engulf　〜を飲み込む、〜を巻き込む

[10] shelter　避難所、隠れ場
[11] nuclear crisis　核施設の危機
[12] pour in　流れ込む、殺到する
[13] risk one's life for 〜　〜のために命を懸ける

入ってくるようになり、日本の皆さんが目にしていたのと同じ映像がいくつか流れ始めました。波が押し寄せて海岸を飲み込むところを目撃した人たちが撮影した、手ぶれした映像などです。何時間も何日もたつ中で、生存者のインタビューや体験談が伝えられました。自転車に乗って津波から逃げた年配の女性。避難所で一生懸命にがんばっている人々。そして、原子力発電所の危機的状況が深刻化するにつれて、報道は、命を懸けて日本の安全を守ろうとする勇気ある男性たちに集中しました。
　ラジオやテレビで報道されたこれらの、そしてそのほかのニュースのすべてから、アメリカ人は、日本人の強さについて多くを学びました。ニュースキャ

people. Newscasters introduced Japanese expressions like *gaman* and *shikataganai* as they discussed the ❶⁴endurance and calm acceptance of so many disaster ❶⁵victims. Others talked about ❶⁶looting and other chaos often seen when disaster ❶⁷strikes. In Japan's case, they reported, it was ❶⁸practically absent. Everyone was filled with amazement and ❶⁹admiration.

In my own community, everyone seemed to be thinking about Japan. When I bought ❷⁰groceries, a sign above the cash register invited people to donate money for ❷¹relief efforts. At the university, students from the

---

❶⁴ endurance　忍耐、我慢強さ
❶⁵ victim　犠牲者、被災者
❶⁶ looting　略奪行為
❶⁷ strike　(災害が)襲う、見舞う
❶⁸ practically　事実上、ほとんど

❶⁹ admiration　称賛、感嘆
❷⁰ groceries　食料雑貨類
　　★この意味では通例、複数形。
❷¹ relief　救助、救援

スターは、膨大な数の被災者が忍耐強く静かに現状を受け入れている様子について語りながら、「ガマン (我慢)」、「シカタガナイ (仕方がない)」という日本語の表現を紹介しました。災害時によく見られる略奪行為などの混乱に言及するキャスターもいました。日本の場合、そのような状況がほとんど見られなかった、という報告でした。誰もが驚きと称賛の気持ちでいっぱいになりました。
　私の住む地域では、住民のみんなが日本に思いをはせているかのようでした。食料品を買いに行けば、レジの上には、救援活動のための募金を呼び掛ける張り紙がありました。大学では、日本クラブの学生が、おむすびと「テキ

Japanese club were selling rice balls and "I support Japan at ㉒Texas State" T-shirts. Nearby, ㉓Austin held a citywide ㉔bake sale called ㉕"Austin Bakes for Japan." Bakers decorated cakes and cookies with hearts, Japanese flags, and the words "with love."

One of the hardest things about a disaster is that

㉒ Texas State　テキサス州立大学
　★ = Texas State University。この
　state は「州立」の意。
㉓ Austin　オースティン
　★テキサス州の州都。
㉔ bake sale　ベイク・セール
　★手作り菓子などを販売するバザー。

㉕ "Austin Bakes for Japan."
　★ウェブサイト https://austinbakes.
　com/about/ で、当時の活動が紹介さ
　れている。

サス州立大学から、日本をサポートします」と書かれたＴシャツを販売して
いました。近くのオースティンでは、全市を挙げて「オースティン、日本のた
めにお菓子を焼く」と名付けられたベイク・セールを開いていました。お菓
子を焼いた人々は、ハートや日本の国旗、そして「愛を込めて」という文字で、
ケーキやクッキーをデコレーションしました。
　災害に関して最もつらいことの一つ、それは、報道が終わっても復興への

recovery continues long after the news stories end. Even when the stories stop coming, I won't be the only one still thinking about Japan and hoping for the best. To everyone in Japan, I know I [26]speak for many when I say, "You're in our hearts."

July 2011

---

[26] speak for many　多数の人々に代わって
発言する、多数の人々を代表する

道のりは長く続くという点です。ニュースが入って来なくなったとしても、ずっと日本のことを思い続けて最善を願っているのは、私だけではありません。日本にいる一人一人に伝えたいのです、私が「あなたのことを思っている」と言うとき、多くの人が同じ気持ちでいることを。

True / False Review 　内容理解クイズ　　　　解答と日本語訳 ▶ p. 222

エッセイの内容と合っていれば **T**(True)を、違っていれば **F**(False)を選びましょう。

1. According to Hetherly, she was in the U.S. at the time of the March 11 earthquake and tsunami. 　**T / F**

2. Hetherly says that one of the toughest things about a disaster is stopping the spread of misinformation. 　**T / F**

Home Sweet Home
懐かしのわが家

✻

「心が安らぐ場所」という意味も持つhomeという単語が
このエッセイのキーワードです。
「日本的なものとテキサス的なものの両方があると落ち着く」
というヘザリさんが、帰国時にテキサスに持ち込んだ日本製品とは？

I am a ❶homebody. Sure, I enjoy the ❷occasional day trip, night out, or even a weekend away ❸from time to time, but there really is no place like home for a homebody.

"Home" is not about a ❹specific place. It's about where you feel most relaxed, comfortable — most

---

Title home sweet home　楽しきわが家、懐
　かしのわが家
　★自分の家への愛着を表す慣用句。
❶ homebody　家にいるのが好きな人

❷ occasional　時折の、たまの
❸ from time to time　時々
❹ specific　具体的な、特定の

私は、家にいるのが好きなタイプの人間です。もちろん、時には日帰り旅行や夜の外出、さらには、折に触れて週末旅行も楽しみますが、家好きの人間にとっては、やはり家に勝る場所はありません。
「家」といっても、特定の場所を意味するわけではありません。一番くつろげて快適な――素の自分でいられる、と感じる場所のことです。子どもの頃

yourself. For some people that might be the house they grew up and lived in their whole life, but for others it's about making your place ❺cozy wherever you happen to live — in other words, making it ❻homey. Having lived in Japan a long time, I feel most at home with both Japanese and Texas things around me.

---

❺ cozy　居心地の良い、気持ちの良い
❻ homey　くつろいだ、わが家のような

からずっと住んだ家がそれだ、という人もいれば、どこにたまたま住んでいようとも、その場所を居心地の良いものに──つまり、わが家のようにすればいい、という人もいるでしょう。日本に長い間住んでいた私は、日本的なものとテキサス的なものの両方に囲まれると、一番くつろげます。

My homiest place in Japan was a small apartment in ❼Sangenjaya. In the living room was a *kotatsu* that ❽held ❾many a delicious *nabe* on cold winter nights, and in the bathroom, a lovely heated toilet seat. The kitchen had an ❿oversized oven for cooking whole turkeys on ⓫Thanksgiving Day and baking big ⓬batches of bread from an old family recipe.

One day, I realized something was missing. I ⓭headed to Akihabara to ⓮pick out a nice, big ⓯ceiling fan and found a ⓰reluctant ⓱handyman to install it. The gentle

---

❼ Sangenjaya　三軒茶屋
　★東京都世田谷区にある地域。
❽ hold　～を支える、～を載せる
❾ many a ～　多数の～、幾多の～
❿ oversized　必要以上に大きい、普通より
　大きい
⓫ Thanksgiving Day　感謝祭の日
　★神に収穫を感謝する祝日。アメリカで
　は11月の第4木曜日。この日には伝統
　的に七面鳥の丸焼きを食べる。

⓬ batch　（パンなどの）ひと焼き分
⓭ head to ～　～へ向かう
⓮ pick out ～　～を見つける、～を選び出す
⓯ ceiling fan　天井付けの扇風機、天井
　ファン
⓰ reluctant　渋々の、乗り気でない
⓱ handyman　便利屋、何でも屋

　日本にいたとき、私にとって最高に居心地が良かったのは、三軒茶屋の小さなアパートでした。居間にはこたつがあって、そこで寒い冬の夜に、おいしい鍋料理を何度となく楽しみました。そしてトイレには、温かい便座というすてきなものがありました。台所には、感謝祭の日に七面鳥を丸焼きにしたり、家族に昔から伝わるレシピでパンを山ほど焼いたりするための、場違いに大きなオーブンがありました。
　ある日、私は、何かが足りないことに気付きました。そこで秋葉原へ向かい、天井に取り付ける大きくてすてきな扇風機を選び、便利屋さんを見つけて、その取り付けを渋々ながら引き受けてもらいました。テキサスで、子どもの

breeze was [18]comforting and nostalgic since I grew up
with these fans in Texas. A few weeks later, I walked
into the living room and found the fan hanging from its
cord almost to the floor. My reluctant handyman
reinstalled it, but I never turned it on again. Just looking
at it would have to be enough.

Back in Texas now, my ceiling fan is at full speed as
I write this in July. In winter, I miss the cozy *kotatsu*, but
on the flight home from Japan, I was the only one
carrying a [19]brand-new heated toilet seat in a box. When

---

[18] comforting　気持ちが安らぐ、心が和む
[19] brand-new　新品の

頃からこのタイプの扇風機になじんでいた私は、その穏やかな風に心が和み、
懐かしい気分になりました。何週間かたち、居間に入ってみると、電気コー
ドが垂れ下がり、扇風機が床すれすれまで下りていました。例の乗り気でな
い便利屋さんにもう一度設置してもらいましたが、二度とスイッチを入れる
ことはありませんでした。見ているだけで満足することにしたのです。
　テキサスに戻った今、この原稿を書いている7月に、天井では扇風機がフ
ルスピードで回っています。冬になると、ぬくぬくとしたこたつが恋しくな
りますが、それでも、日本から帰国するときのフライトで、私はただ一人、箱
に入った新品の温かい便座を運んだのでした。友達が夕食のためにわが家に

company comes for dinner, I always make sure
everyone makes a trip to the bathroom. "Wow, where
did you get that, and what do all those funny little
pictures mean?" someone [21]inevitably says, looking
amused and slightly [22]embarrassed. Warm toilet seats are
a [23]luxury most Americans have never experienced.

---

[20] company　仲間、友達
[21] inevitably　必然的に、いや応なく

[22] embarrassed　ばつの悪い、まごついた
[23] luxury　ぜいたく品

集まれば、私は必ず全員がトイレへ行くよう仕向けます。すると、そのうち
の誰かは「うわあ、どこで買ったの？　ちっちゃな面白い絵が付いているけど、
どういう意味?」などと楽しそうに、ちょっと戸惑い気味に言わずにはいら
れないのです。温かい便座は、大部分のアメリカ人が経験したことのないぜ

I keep mine warm all year round!

Feeling at home is a human need most of us share. When you love a place, it becomes part of who you are — and part of your sense of home sweet home.

October 2015

いたく品。私は一年中、うちの便座を温かくしています！

　くつろぎたいという欲求は、大抵の人に共通しています。ある場所が大好きになれば、そこがあなたの一部——そして、懐かしいわが家という感覚の一部になるのです。

True/False Review　内容理解クイズ　　　　解答と日本語訳 ▶ p. 222

エッセイの内容と合っていれば **T**（True）を、違っていれば **F**（False）を選びましょう。

1. Hetherly says that she grew up in a small apartment.　**T / F**

2. According to Hetherly, she always has to show people at her company how to use the heated toilet seat.　**T / F**

27

Living Abroad:
Is It Worth It? Part 1

外国 に 暮らすのは価値あること? パート1

✳

期限を特に決めずに外国に住んでいる人に必ず訪れるのが、
「このまま住み続けるかどうか」の決断を迫られる状況です。
日本に長く暮らしたヘザリさんが、
自身のそんな経験を紹介するエッセイの前編です。

In writing this essay, my first ❶obstacle was
language: What should I call people who choose to live
in a foreign country? According to the Oxford
Dictionary, an ❷expatriate or ❸expat is simply "a person
who lives outside their ❹native country," while an
❺immigrant is "a person who comes to live

Title worth it　それだけの価値がある
❶ obstacle　障害、妨げ
❷ expatriate　国外在住者

❸ expat
　★ expatriate の省略形。
❹ native country　生まれた国、母国
❺ immigrant　移民、移住者

このエッセイを書くに当たって、最初に困ったのは言葉です。外国に住む
ことを選択する人を、何と呼ぶべきでしょうか?　オックスフォードの辞書
によると、expatriate もしくは expat とは単に「生まれた国以外の場所に住

[6]permanently in a foreign country." Those [7]definitions sound very close, but there is actually much debate about these two [8]terms, particularly expat.

Expat is a term of [9]privilege, many say, used only to describe white Westerners living abroad, while everyone else is an immigrant. Others argue these two words are

---

❻ permanently　永久に、不変に
❼ definition　定義

❽ term　用語、言葉
❾ privilege　特権、特別扱い

む人」で、immigrantとは「外国に移り永住する人」です。これらの定義はとても似ているように感じますが、実はこの２つの用語、とりわけexpat（国外在住者）については、多くの議論があります。
　expat（国外在住者）というのは特権に関わる用語で、外国に住む白人の欧米人を表すためだけに使われ、それ以外の人々はみんな、immigrant（移民）と呼ばれるのだ、と多くの人が言います。一方で、これら２つの語は人種と

not related to ❿race but to economic class, skill level, country of origin, or ⓫intent. American journalist ⓬Andrew Kureth sees it this way: "An immigrant is on a ⓭desperate search for a better life. An expat is on an adventure." In fact, many ⓮so-called expats are also searching for a better life.

I've heard Japanese living in the U.S. as well as Americans of different races living in Japan all called expats, ⓯yet when a word is ⓰this ⓱controversial, perhaps it's better to find an ⓲alternative. So in this essay, I'll talk about people living abroad or overseas.

---

❿ race　人種、民族
⓫ intent　意図、目的
⓬ Andrew Kureth　アンドリュー・クレス
　★アメリカのジャーナリスト。2001年か
　らポーランド在住。
⓭ desperate　必死の、命懸けの
⓮ so-called　いわゆる

⓯ yet　けれども、しかし
⓰ this　こんなに、これほどまでに
　★ここでは副詞。
⓱ controversial　議論の的となる、議論の
　余地のある
⓲ alternative　代案、もう一つの方法

は関係なく、経済的な階層や技能の水準、出身国、あるいは意図に関わるも
のだ、と主張する人もいます。アメリカ人ジャーナリストのアンドリュー・ク
レスの見方は、次のようなものです。「移民は、より良い暮らしを必死になっ
て求めている。国外在住者は、冒険に出ている」。けれども実際は、いわゆる
国外在住者の多くも、より良い暮らしを求めているのです。
　アメリカに住む日本人も、日本に住むさまざまな人種のアメリカ人も、一
様に国外在住者と呼ばれるのを聞いたことがありますが、単語がこれだけ議
論の的になっている場合、代わるものを見つけた方がいいでしょう。そんな
わけでこのエッセイでは、外国や海外に住む人々について語ろうと思います。

A lot of Japanese living in the U.S. and Americans living in Japan have something in common. They have no idea how long they'll stay — one or two years may turn into a lifetime. For this group, those not living overseas because of a temporary ⁰transfer or for school, whether or not to go back to one's native country often becomes a ⁰nagging question.

I met a lot of people like this from various countries during my years in Japan, and I was one of them. I thought I was going abroad for a year and ⁰ended up staying more than 15. People in this group often come

---

⓳ transfer　転任、転勤
⓴ nagging　付きまとう、悩ます

㉑ end up doing　最後には〜する、結局〜することになる

多くの、アメリカに住む日本人と日本に住むアメリカ人の間には、共通点があります。いつまで滞在するかわからないということです――1、2年のつもりが、生涯住み続けることになるかもしれません。一時的な転勤や留学のために海外に住んでいるわけではない、このタイプの人たちにとって、自分の母国に帰るかどうかは、しばしば、悩ましい問題になります。
　私は日本にいた頃、さまざまな国から来たこのような人に、たくさん出会いましたし、私もその一人でした。私は、1年間国外へ出るつもりだったのに、結局15年以上、滞在しました。このタイプの人は、往々にして自分が選んで

to think of their ㉒adopted country as "home." They
have close friends, have probably ㉓invested much time
and energy into learning the language, and aren't sure
what kind of life ㉔awaits them if they return to their
native land. Because of all this, deciding to leave can be
very difficult. But ㉕eventually, for various reasons, many

㉒ adopted　自分のものとして選んだ、国
　籍を取得した
㉓ invest　〜をつぎ込む、〜を投資する

㉔ await　〜を待ち受ける
㉕ eventually　結局は、やがて

暮らし始めた国を「故郷」と考えるようになります。仲の良い友達ができて、
おそらくその土地の言葉を学ぶのに多くの時間とエネルギーを費やし、仮に
母国へ帰っても、どんな生活が待っているのかよくわからない状況にいます。
これらすべてが相まって、（今暮らす国を）去る決断を下すのが、とても難し
い場合があります。けれども結局は、さまざまな理由で多くの人が去っていき、

of us do. Others put down roots and stay.

Either way, there's a ㉖trade-off. Unless you're very wealthy, you have to leave one country behind. Is it worth it? Join me next month to ㉗explore this question!

November 2015

㉖ trade-off　代償、交換条件
㉗ explore　〜を調査する、〜を探求する

その一方で、根を下ろしてとどまる人々もいるのです。
　どちらの道を採るにしても、代償があります。ものすごいお金持ちでない限り、一方の国を去らなければならないということです。それだけの価値はあるのでしょうか？　来月、この問題を一緒に深く考えてみましょう！

True/False Review　内容理解クイズ　　　⋮ 解答と日本語訳 ▶ p. 222

エッセイの内容と合っていれば **T**(True)を、違っていれば **F**(False)を選びましょう。

1. Hetherly says it is preferable not to use the controversial term "expat."　**T / F**

2. According to Hetherly, she decided to return to Japan after 15 years abroad.　**T / F**

28

Living Abroad:
Is It Worth It? Part 2

外国に暮らすのは価値あること? パート2

※

後編では、ヘザリさんが大好きな日本を去ることにした理由と、
アメリカに戻ってから直面した難題が語られます。
自らの経験を振り返りつつ、ヘザリさんは、外国暮らしをする人に
どんなアドバイスをすることになるのでしょう?

Is living abroad worth it? Why would anyone say no? Living in a different culture opens your mind, and that's always a good thing. But sometimes ❶there's more to the story.

People in the U.S. grow up believing "America is the greatest country in the world." The funny thing is most

---

❶ there is more to the story　話はそれだけ
　で済まない

外国に住むことには、それに見合う価値があるか?　ない、などと言う人がいるでしょうか?　異文化の中での暮らしは、私たちの視野を広げてくれて、それはいいことに決まっています。でも時には、それだけでは終わらないこともあります。
アメリカの人々は、「アメリカは世界一の国だ」と信じて大人になります。

of them have never lived anywhere else. Living abroad often makes us realize the American way is not always the best way, and ❷I'm grateful to have learned that lesson of ❸humility in Japan.

In fact, many people stay overseas 10 years or more because they grow to prefer their adopted culture to

---

❷ be grateful to do　〜することをありがた　　❸ humility　謙虚さ、謙遜
く思う、〜することをうれしく思う

おかしいのは、ほとんどの人がほかのどの国にも住んだことがないこと。外国に住むと、アメリカの流儀が必ずしも最善のものではないと気付かされることが多く、私は、日本でそうした謙虚さについて学べたことを、ありがたく思っています。
　実際、多くの人が外国に10年間以上滞在するのは、自ら選んだ文化の方が、

their native one. Yet a lot of them eventually end up returning home.

Here's how it happened for me. With ❹enormous luck, good connections, and a ❺master's degree, I was able to teach full-time at several Japanese universities for more than 10 years. I fell in love with Japan, but there were always nagging questions in my mind — did I want to grow old overseas, and what about my aging father? Eventually, those questions led me back to the U.S. in ❻mid-life — and a new ❼dilemma others returning from an ❽extended stay abroad may also face:

---

❹ enormous　莫大な、巨大な
❺ master's degree　修士号
❻ mid-life　中年

❼ dilemma　板挟み、(苦しい選択を迫る)
　難題、ジレンマ
❽ extended　長期の、延長した

生まれた国の文化よりも好きになってくるからです。それでも彼らの多くが、結局は故国に戻ることになります。
　私の場合についてお話ししましょう。とても運が良く、人脈に恵まれ、そして修士号を持っていた私は、10年以上にわたって、いくつかの日本の大学で、常勤で教えることができました。日本が大好きになった私でしたが、心の中には、常に悩ましい問いがありました——外国で年を取りたいのか、年老いていく父はどうなるのか。結果的に、そうした疑問が、中年になった私をアメリカへ連れ戻したのです——すると今度は、外国での長期滞在後に帰国するほかの人たちも直面するであろう、新たな難題を抱えるようになりま

The career you have overseas does not always **❾**translate into something **❿**comparable back home.

In my case, I knew most professors in the U.S. had **⓫**Ph.D.s. With only a master's, you may be able to teach part time or as an **⓬**adjunct without full **⓭**benefits. Wanting another full-time **⓮**professional position, I decided to **⓯**start over in a new field. So I got a job at the university library and earned a second master's within two years. By then, I was much older than other new graduates and my professional experience was in a different field. So instead of entering a new profession

---

❾ translate into ~　結果として~になる、~に変わる
❿ comparable　同種の、相当する
⓫ Ph.D.　博士号
⓬ adjunct　専任ではない教官、講師

⓭ benefit　（年金・保険などの）給付金、手当
⓮ professional　専門職の、職業上の
　★最終行の profession は名詞で「専門的職業」の意。
⓯ start over　やり直す

　した。外国でのキャリアが、故国に戻ったときに、必ずしも同種のキャリアに置き換わるとは限らない、という問題です。
　私の場合、アメリカでは大学教授の大半が博士号を持っていることを知っていました。修士号1つだけでは、非常勤講師か、十分な手当がない準専任の立場でしか、教壇に立てないでしょう。何か別の常勤の専門職に就きたくて、私は新たな分野でやり直す決意をしました。そこで大学の図書館に職を得て、（働きながら）2年のうちに2つ目の修士号を取得したのです。でもその頃には、私はほかの新卒者よりもずっと年上でしたし、私の職歴は他分野でのものでした。そこで、希望していたように新たな分野で専門職に就くのではなく、

as I'd hoped, I continued to simply work at the library. ⓰In the meantime, ⓱colleagues and friends who had worked in one place all those years I was in Japan were able to retire before turning 60 with ⓲generous ⓳retirement packages!

So, ⓴in retrospect, "is living abroad worth it?"

⓰ in the meantime　その間に、その一方で
⓱ colleague　同僚
⓲ generous　気前のいい、豊富な

⓳ retirement package　退職金
⓴ in retrospect　振り返ってみると、回顧すると

図書館でそのまま働き続けました。その一方で、私が日本にいる間、ずっと同じ所で働いていた同僚や友人らは、60歳を迎える前に十分な退職金を手にして、引退することができたのです！
　そんなわけで、振り返ってみて、「外国に住むことには、それに見合う価値

Absolutely, for **㉑**up to five years or so. But for those who fall in love with their adopted culture and **㉒**can't seem to go home, I would **㉓**advise **㉔**caution. Starting over at a later age is tough. But, hey, life is an adventure, and you never know what great **㉕**promise lies ahead.

December 2015

㉑ up to ~　（最高で）～まで
㉒ can't seem to do　～できそうもない
㉓ advise　～を勧める

㉔ caution　用心
㉕ promise　有望、期待

> があるでしょうか」。もちろんあります、5年かそこらまではね。でも、自分で選んだ文化に恋をして、故国に帰れそうもないという人には、用心することをお勧めします。年を取ってからやり直すのは大変ですから。でもまあ、人生は冒険ですし、前途にどんな大きな希望が待ち受けているか、わかりませんよね。

True/False Review　内容理解クイズ　　⋮ 解答と日本語訳 ▶ p. 222

エッセイの内容と合っていれば **T**（True）を、違っていれば **F**（False）を選びましょう。

1. According to Hetherly, on returning to the U.S., she faced a dilemma in her career path.　**T / F**

2. Hetherly believes that people should live abroad for at least five years.　**T / F**

Chapter

6

伝えること

29

Failure to Communicate

届かない言葉

✳

「男性と女性は違う惑星から来ている」という名言(!)とともに、
男女間のコミュニケーション・ギャップにまつわるエピソードを
紹介したエッセイです。似たような経験がある人、
同じ思いを抱いたことがある人も、きっと多いことでしょう。

"Japanese couples know what each other are thinking without even talking." I often heard that when I lived in Japan but still find it pretty hard to believe. It certainly isn't true in the U.S., where some people think men and women are from different planets ❶when it comes to communication. ❷Deborah Tannen, professor

---

❶ when it comes to ~　～のこととなると、
　～に関して言えば

❷ Deborah Tannen　デボラ・タネン
　★(1945-)。アメリカの言語学者。

「日本人のカップルは、話さなくてもお互いの考えていることがわかるものだ」。日本に住んでいたとき、こんなせりふをよく聞きましたが、いまだにちょっと信じがたいなあ、と思っています。アメリカではまずそんなことはありません。コミュニケーションとなると、男性と女性は違う惑星から来ていると思う人も中にはいるぐらいですから。言語学の教授でベストセラーの

of linguistics and best-selling author, even says that when men and women talk, it's "cross-cultural communication."

A friend of mine has been married to a funny, [3]talkative guy for more than 20 years. "We don't communicate," she tells me and gives the most recent

---

❸ talkative　話好きな、口数の多い

作者でもあるデボラ・タネンは、男性と女性の会話は「異文化コミュニケーション」であるとさえ言っています。
　友人に、話好きで楽しい男性と結婚して20年以上になる人がいます。「私たちは意思疎通ができてないのよ」と言う彼女は、直近のある例を挙げました。

example: Her husband won a trip to Las Vegas to play in a ❹pool tournament with his team. The question is, should she go with him or not? Maybe he'd rather go alone so he can ❺hang out with the guys, or maybe he wants her there to support him. She's been trying to decide for weeks now. He's asked her several times, "Are you going to come?" but she's not sure what it means. "I want him to say, 'I'd like you to come,'" she tells me, but he never does. She's still trying to ❻figure it out.

Another friend's story is similar. She's been with her boyfriend for three years. He has a grown daughter from

---

❹ pool　ポケット・ビリヤード
❺ hang out with ~　～とつるむ、～と付き
　合う

❻ figure ~ out　～を理解する、～を解決す
る

ご主人が、ビリヤードの試合でチームメイトとともにラスベガスへ旅行できることになったそうです。問題なのは、彼女もご主人と一緒に行くべきかどうか。もしかすると彼は、男性同士でぶらぶらできるので一人で行きたいのかもしれませんし、あるいは、サポート役として彼女にも来てもらいたいのかもしれません。彼女はもうかれこれ数週間も決めかねています。ご主人は「君も来る？」と何度か聞いてきたそうですが、彼女にはその真意がよくわからないのです。「『君にも来てほしい』って言ってもらいたいの」と彼女は言うのですが、ご主人はそうは一言も言わないそうです。かくして、彼女は今もどうしたものかと考えあぐねているのです。
　似たような話が別の友人にもあります。彼女は恋人と付き合い始めて３年。

a previous marriage. The daughter is having ❼minor ❽surgery, and he asks his girlfriend if she's going to go with him to the hospital. The ❾ex-wife will be there as well. "Would you like me to come?" she asks her boyfriend. "If you want to," he answers. "Hmm, what does it mean?" she wonders. Finally, she decides to go, but she's still not sure whether he wanted her there or not. "He never thanked me for coming or said, 'I'm glad you're here,'" she tells me.

Both girlfriends and I felt exactly the same way: if he wants you there, why can't he just say it? But maybe

---

❼ minor　軽症の、生命に関わらない　　❾ ex-wife　前妻
❽ surgery　外科手術、外科的処置

相手には前妻との間に大きな娘がいます。その娘がちょっとした手術をすることになり、彼は恋人である私の友人に、一緒に病院まで来るかどうか聞いてきました。病院には前妻もいるでしょう。「一緒に行ってほしい?」と彼女は聞きました。それに対する答えは「君がそうしたいならね」。「うーん、これってどういうこと?」と彼女は考えます。最終的には行くと決めるのですが、今でも、彼が本当に来てほしかったのかどうか確信が持てません。彼女いわく、「来てくれたことに対するありがとうの言葉もなかったし、『来てくれてうれしいよ』とも言わなかった」のだそうです。
　この2人の女友達と私が感じていることはまったく同じで、「来てほしいなら、なぜそう言えないの?」ということなんです。でも、これらのエピソー

guys will read these stories and think, "Of course he wants her to go. Why doesn't she understand that?" Or not. ❿Who knows? The fact is a lot of American women have no ⓫clue what their men are thinking, even some like my friend, who has been married for 20 years.

---

❿ Who knows? どうでしょうか?、何とも　⓫ clue　手掛かり、ヒント
言えません。

> ドを読んで男性諸氏は「もちろん、彼女には行ってもらいたいんだよ。なん
> でそれがわからないかなあ?」と思うのかもしれません。あるいはそうは思
> わないかもしれませんが。本当のところ、どうなんでしょうね。確かなのは、
> 多くのアメリカ人の女性が、中には私の友人のように、結婚生活20年という
> 人でさえも、相手の男性の考えていることがまったく見当もつかない、とい

It ⑫reminds me of that famous line from the movie ⑬*Cool Hand Luke*: "What ⑭we've got here is failure to communicate."

October 2008

---

⑫ remind A of B　AにBを思い出させる
⑬ *Cool Hand Luke*　『暴力脱獄』
　★(1967)。権力に対して反抗を繰り返す男性を描いた物語。

⑭ have got ～　～を持っている
　★have のくだけた言い方。

うことです。それで思い出すのは映画『暴力脱獄』の中のあの有名なせりふ。「ここにいるのは言葉のわからん男だ」。

True/False Review　内容理解クイズ

解答と日本語訳 ▶ p. 222

エッセイの内容と合っていれば **T**(True)を、違っていれば **F**(False)を選びましょう。

1. Hetherly says that neither of the two friends she mentions is sure what their partners really meant.　**T / F**

2. Hetherly finds her friends' partners act as if they were in a movie.　**T / F**

30

The Power of Gratitude

感謝が持つ力

✳

人から何かしてもらったとき、感謝の気持ちを
どのように伝えていますか?
口頭で、文字で、物で——さまざまな選択肢がある現代の
「感謝の伝え方」についてのエッセイです。

Yesterday, I came home from a long day at work and found a vase of fresh flowers on my ❶doorstep. It was a thank-you gift from ❷out-of-town friends who had visited over the weekend. What a nice thing to do, I thought. It made me feel truly ❸appreciated.

Just that afternoon at work, I had been reading a

Title gratitude　感謝の気持ち、謝意
❶ doorstep　玄関前の階段
❷ out-of-town　郊外の、ほかの町からの

❸ appreciate　〜をありがたく思う、〜に感謝する
★p. 201、4行目のappreciationは名詞で「感謝すること」の意。

昨日のことです。長い1日の仕事を終えて家に帰ると、玄関前の階段に生花を挿した花瓶が置いてありました。週末にかけて遊びに来ていた、郊外に住む友人たちからのお礼の品だったのです。なんてすてきなことをしてくれるのかしら、と思いました。誠実な感謝の気持ちが伝わってきました。

ちょうどその日の午後、職場で「ビジネス戦略としての感謝」というブログ

blog post called "Gratitude as a Business ❹Strategy." You might expect this article to ❺focus on how to make money by being nice, but that's not the main point at all. "We are ❻hungry for ❼genuine appreciation and thanks," the blogger writes, and that "we" means everyone, not just our customers and co-workers but

---

❹ strategy　戦略、方策
❺ focus on ~　~に焦点を合わせる

❻ hungry for ~　~を渇望した、~を熱心に望んでいる
　★p. 202、6行目のhunger for ~は「~への渇望」の意。
❼ genuine　本物の、心からの

　の書き込みを読んだところでした。感じ良くすることでお金をもうける方法について書いてあるのだろう、と思われるかもしれませんが、要点はまったくそういうことではありません。「私たちは、心からの感謝とお礼の言葉を渇望しています」とそのブロガーは書いています。ここでいう「私たち」とはあらゆる人のことで、顧客や同僚だけでなく、両親や子ども、先生、それに車を

also parents, kids, teachers, and the guy who fixes your car. The writer suggests taking five minutes to make a list of people you are [8]sincerely [9]grateful for. Then [10]follow up with a plan for letting each of them know, with no [11]hidden motives. This, he says, is one way to help "fill the global hunger for gratitude." Of course, it could also mean happier customers and co-workers — and more profit.

I've always admired the way gratitude [12]is built into Japanese culture. Even though I know it's tradition, I still feel strong emotion at weddings each time a

---

[8] sincerely　心から、真心を込めて
[9] grateful for ~　～に感謝している
[10] follow up with ~　続いて～を行う

[11] hidden motive　隠れた動機
[12] be built into ~　～に組み込まれている

修理してくれる人も含みます。そのブロガーは、5分かけて心の底から感謝している人のリストを作ることを提案しています。それから、下心なしに、それぞれの人にその気持ちを伝えるための計画を立てる、これが「世界に広がる、感謝への渇望を満たす」助けの一つになると彼は言います。もちろん、これが顧客や同僚の満足度アップ——そして収益アップにもつながるのです。
　私はいつも、感謝が日本文化の中に根差している様子に、とても感心していました。それが伝統だとわかってはいても、結婚式で、娘や息子がみんな

daughter or son publicly thanks their parents for raising them. I also like that simple [13]ritual of saying, "Thanks for the other day," when meeting someone you recently went out with. Another favorite of mine is "*otsukaresama*" to thank people for their work or say goodbye as they leave the office. Some people may say these things without much thought, but hearing them always made me feel good.

Sometimes unexpected gratitude is the most [14]delightful. These days, it's so easy to make small [15]gestures of appreciation. [16]Old-fashioned handwritten

---

[13] ritual　しきたり、習慣的な行為
[14] delightful　非常にうれしい、楽しい
[15] gesture　意思表示の行為
[16] old-fashioned　昔風の

の前で両親に、育ててくれてありがとう、と感謝の気持ちを述べるたびに、やはり胸が熱くなります。最近一緒に出掛けた相手に会ったときに、「先日はどうも」と言う、あのさりげない習慣も好きです。もう一つ、私が気に入っているのは、相手の労をねぎらったり、会社を出る人にさよならを言ったりするときの「お疲れさま」。こういった言葉をあまり考えずに口にしている人もいるかもしれませんが、耳にするたびにいつも、気持ちがいいな、と思ったものです。

時に、予想もしなかった感謝の言葉が一番うれしく思えることも。最近では、感謝を伝えるちょっとした意思表示は、とても簡単です。昔風の手書きのカー

cards are lovely, but we can also [17]text, email, or [18]tweet instant messages, send an [19]e-card, or find someone day or night on their cellphone. [20]Not long ago, I [21]was touched by this simple text from a close girlfriend: "I'm thankful for having you in my life." We all feel that way

---

[17] text 携帯電話でメールを打つ、携帯メールを送る

[18] tweet （Twitterで）〜をつぶやく

[19] e-card 電子カード

[20] not long ago つい先頃

[21] be touched by 〜 〜に心を打たれる

ドもすてきですが、携帯メールを打ったり、Eメールを送ったり、Twitterで短いメッセージをつぶやいたり、電子カードを送ったり、あるいは、昼夜を問わずに携帯電話で相手をつかまえたりすることもできます。つい先頃、親しい女友達から送られてきた、「私の人生にあなたがいてくれて感謝してるわ」という、ごく簡単なメッセージに感動しました。誰もがこのような気持ちを

about ㉒certain people, but how often do we tell them?

As the blogger points out, these are tough times and a little gratitude ㉓goes a long way. I think I'll take five minutes and make that list now. How about you?

March 2012

㉒ certain　一定の、特定の
㉓ go a long way　大いに役立つ

特定の人たちに対して感じるものですが、どのくらいの頻度でそう伝えているでしょう？

　くだんのブロガーが指摘しているように、今は厳しい時代なので、ちょっとした感謝の気持ちがものをいいます。今から5分かけて、彼の薦めるリストを作ってみようかな、と思っています。あなたはどうですか？

True/False Review　内容理解クイズ　　　解答と日本語訳 ▶ p.223

エッセイの内容と合っていれば **T**(True)を、違っていれば **F**(False)を選びましょう。

1. According to Hetherly, she read a blog about gratitude written by the guy who fixed her car.　**T / F**

2. Hetherly thinks that it's easier than ever to show our appreciation to people.　**T / F**

31

Happy Holidays!

良い休暇を！

※

年末の休暇シーズンに贈り合う挨拶状についての、
ヘザリさん流アドバイスが詰まった文章です。
図柄を選んだりメッセージを考えたりすることの
楽しさと豊かさに、あらためて気付かされます。

Don't ❶be fooled by the "Christmas" in Christmas cards. Think of them instead as holiday greeting cards. Like the New Year in Japan, Christmas season is a time to connect with friends and family. Yes, Christmas is about religion for some people, but whether you're Christian, Buddhist, ❷Jewish, ❸atheist, or none of the

---

❶ be fooled by ~　～にだまされる　　　　❸ atheist　無神論者の
❷ Jewish　ユダヤ教の

クリスマスカードの「クリスマス」という言葉に惑わされないでください。代わりに休暇シーズンの挨拶状と考えましょう。日本のお正月と同じで、クリスマスシーズンは友達や家族とつながりを持つ時期なのです。そう、クリスマスは一部の人にとっては宗教に関わるイベントですが、キリスト教徒、仏教徒、ユダヤ教徒、無神論者のいずれであろうと、あるいはそのいずれで

above, it's always nice to get a holiday card that shows someone is thinking about you. So, what kind of card should you send? Here's my advice.

Choose cards with [4]neutral language. Instead of "Merry Christmas" or Christian messages, pick cards that say something like "Happy Holidays" or "Season's

---

[4] neutral　不偏不党の、中立の

もなかろうと、誰かがあなたのことを思っていると伝える挨拶状をもらうのは、いつだっていいものです。では、どんなカードを送ったらいいでしょうか？私からのアドバイスです。
　中立的な言葉を使ったカードを選びましょう。「メリークリスマス」やキリスト教的なメッセージの印刷されたカードではなく、「楽しい休暇をお過ごし

Greetings." "Joy" and "Peace" are nice, too. Most people, Christians and non-Christians, are happy to get a card that says "Merry Christmas," but there are some who won't like it. Many Jewish people and others don't celebrate Christmas, so ❺it's better to be safe than to send the wrong message.

Next, find cards with an ❻appropriate and meaningful picture. If you buy a set of cards with the same picture, just be sure it's appropriate for everyone on your list. Even better, choose a special card for each person. I still remember my favorite and least favorite

---

❺ it is better to be safe than to do ～する ❻ appropriate 適切な、ふさわしい
よりは安全を期した方がよい

くださいや「季節のご挨拶」といったメッセージのカードを選んでください。
「喜び」や「平和」といった言葉もいいですね。キリスト教徒もそうでない人も、
大抵の人は「メリークリスマス」と書かれたカードをもらうとうれしいもの
ですが、中にはそれを嫌がる人もいます。多くのユダヤ教徒やそのほかの宗
教を持つ人たちはクリスマスを祝いませんから、不適切なメッセージを送る
よりも、安全を期す方がよいでしょう。
　次に、適切で意味のある図柄のカードを見つけてください。もし同じ図柄
のカードを1セット買うのであれば、カードを送る人たち全員に適切かどうか、
よく考えてください。もっといいのは、それぞれの人に合ったカードを一枚
一枚選ぶことです。私は今でも、去年もらったカードでとても気に入ったも

cards from last year. My favorite showed two sleepy puppies with the words "all is calm." Since I'm a dog lover, I knew it was chosen especially for me, and that meant a lot. My least favorite had a romantic picture of a young man and woman walking in the snow together. Unfortunately, that wasn't me last Christmas!

How about family pictures and charity cards? My best friend from Japan sends me a New Year's card every year with a family picture on it. I love those because I can see how her kids are growing, and I ❼keep all of them pinned to my desk ❽year round. That's a great

---

❼ keep A pinned to B　AをBにピンで留めておく　　❽ year round　一年中

のと、最も好みでなかったものを覚えています。好きだったカードには眠そうな2匹の子犬がいて、「すべてが平穏です」というメッセージが添えられていました。私は犬が大好きなので、私のためにそのカードを選んだことがわかって、とてもありがたく思いました。最も好みでなかったのは、若い男女が雪の中を一緒に歩いているロマンチックな図柄のカードです。残念ながら、去年のクリスマスの私はそんなふうではなかったので！

　家族写真や慈善団体のカードはどうでしょう？　私の日本の親友は毎年、家族写真入りの年賀状を送ってくれます。私はそれがすごく好きなんですね。彼女の子どもたちの成長ぶりを見られますから。それらは全部、一年中、机にピンで留めてあります。この家族写真のアイデアは、挨拶状としてもす

choice for holiday cards, too — be sure to include your
pets in the picture! You can also order cards from
different charity groups, and the money goes to support
the charity. [9]UNICEF is one of my favorites, with very
cute cards.

Sending holiday cards is personal. You may have a

---

❾ UNICEF　ユニセフ、国連児童基金
★= United Nations Children's
Fund。旧称である United Nations
International Children's Emergency
Fund の略称が現在も使われている。

ごくいいと思います──家族写真にはペットも忘れずに入れてあげてくださ
いね！　さまざまな慈善団体のカードを注文するのも一つの手です。そうす
ればその代金が団体の活動支援に使われます。ユニセフはとてもかわいいカー
ドを作っているので、私のお気に入りの一つです。
　挨拶状を送るのは、個人的な行為です。連絡を取り続けたい人がたくさん

long list of everyone you want to ❿keep in touch with, or you may just have a few close friends on your list. It's ⓫up to you, but you can be sure that your card will make somebody's holiday feel a little warmer. Happy holidays to all!

December 2013

---

❿ keep in touch with ~　～と連絡を保つ
⓫ up to ~　～次第で

いるという人もいるかもしれませんし、数人の親しい友達だけに送りたい、という人もいるかもしれません。それはあなた次第です。でも、あなたの送るカードが、誰かの休暇を、より心温まるものにすることは間違いありません。皆さん、良い休暇をお過ごしくださいね！

True/False Review　内容理解クイズ　　解答と日本語訳 ▶ p. 223

エッセイの内容と合っていれば **T**（True）を、違っていれば **F**（False）を選びましょう。

1. According to Hetherly, we should be careful about the Christmas cards we send.　**T / F**

2. Hetherly says that she only sends holiday cards to close personal friends.　**T / F**

32

On Writing

書くということ

✳

「良い文章」とはどのようなもので、どうすれば書けるのかについて、
ヘザリさんの考えと心構えが明かされたエッセイです。
ヘザリさんの文章が多くの人に支持される理由の一端と、
私たちが英文を書くときの注意点がわかる特別版をどうぞ!

Today I'm writing about writing. We've all experienced good and bad writing, but what exactly is the difference and why does it matter?

Bad writing changed my life direction. I was working on a ❶Ph.D. in literature because I love good fiction. Unfortunately, literature students spend much of their time reading what other ❷academics write about

---

❶ Ph.D. 博士号
❷ academic 研究者、大学教員

今日は、書くことについて書きます。私たちはみんな、良い文章も悪い文章も目にしてきていますが、その違いは、正確に言うとどんなことなのでしょうか、そして、なぜそれが問題なのでしょうか?
　悪い文章は、私の人生の方向を変えてしまいました。私は優れた小説が大好きだったので、文学の博士号取得に取り組んでいました。あいにく、文学専攻の学生というのは、ほかの研究者が文学について書いたもの、つまり文

literature, that is, literary ❸criticism and critical theory.
❹Occasionally, I ❺came across a critical book that really
❻spoke to me, but most of the required reading was
simply ❼unreadable.

I'll never forget a professor's comment on a critical
paper I wrote. She thanked me for writing clearly and

---

❸ criticism　批評
　★同じ行の criticalは形容詞で「批評の」
　の意。
❹ occasionally　時々

❺ come across ~　~をふと見つける
❻ speak to ~　~に訴え掛ける
❼ unreadable　読みにくい、読んで面白く
　ない、読む価値がない

学批評や批評理論を読むのに多くの時間を費やします。時には本当に心に訴
え掛けてくる批評の本に出合うこともありましたが、課題として与えられた
文章の大半は、まったく読むに耐えないものでした。
　私の書いた批評のリポートについてある教授がくれたコメントを、決して
忘れることはないでしょう。彼女は、明快かつ簡潔に書いてくれてありがとう、

simply and said most of her students' papers were impossible to understand. I knew exactly what she meant. A lot of scholars and other professionals use ❽jargon and ❾elevated language to sound important or ❿profound. Sometimes they're actually ⓫hiding behind ⓬fancy language because they don't know what they're talking about. ⓭Eventually, I changed my path away from ⓮grad school to avoid reading terrible English.

Good writing is clear and simple, no matter who the audience is. Some Japanese readers probably think I ⓯simplify my writing for second language learners. I don't. Writing for a Japanese audience is the perfect

---

❽ jargon　専門用語
❾ elevated　高尚な、堅苦しい
❿ profound　深みのある、深遠な
⓫ hide behind ~　〜の陰に隠れる、〜を隠れみのにする

⓬ fancy　装飾的な、手が込んだ
⓭ eventually　結局は、やがて
⓮ grad school　大学院
　★＝graduate school。
⓯ simplify　〜を簡素化する

と私に感謝を伝えた後、自分が受け持つ学生のリポートの大半が理解不能なのだ、と言ったのです。私には、彼女の言っていることの意味がよくわかりました。多くの学者や専門家が、重要そうな、あるいは深遠そうな印象を与えようとして、専門用語や高尚な響きを持つ言葉を使うのです。時に彼らは、自分が何を述べているのかわからなくて、実は凝った言葉を隠れみのにしているのです。結局、私は大学院とは別の方向へ進路を変え、ひどい英語を読むことから逃れました。

　良い文章というのは、読み手が誰であっても、明快で簡潔なものです。日本の読者の中には、私が第二言語学習者向けに簡単な文章を書いている、と思う人がいるかもしれませんが、そうではありません。日本の読者のために

way to remember what's important in good writing.

As ⑯William Zinsser said in his classic guide, ⑰*On Writing Well*, "The secret of good writing is to ⑱strip every sentence to its cleanest ⑲components." In other words, cut unnecessary words and use short, simple ones rather than ⑳big, long ones.

Which sentence is better? You decide:

1) Social media platforms are utilized to ㉑enhance opportunities for communication outside of the classroom.

2) We use Facebook and Twitter to help students communicate better outside class.

---

⑯ William Zinsser　ウィリアム・ジンサー ★(1922- 2015)。アメリカの文筆家。
⑰ *On Writing Well*　『誰よりも、うまく書く』 ★ジンサーの代表作。1976年刊。
⑱ strip　～を裸にする
⑲ component　構成要素
⑳ big　大げさな、もったいぶった
㉑ enhance　～を増す、～を向上させる

書くことは、良い文章を書く上で何が重要かを思い出させてくれる、理想的な方法なのです。
　ウィリアム・ジンサーが定評ある（文章）指南書『誰よりも、うまく書く』の中で述べたように、「良い文章を書く秘訣は、一文一文を、最もすっきりした要素だけになるまでそぎ落とすこと」です。つまり、不要な語は削除し、大げさな長い語ではなく、短くて簡単な語を使う、ということです。
　どちらの文が良いでしょうか？　判断してください。
1) ソーシャルメディアのプラットフォームは、教室外でのコミュニケーションの機会を拡大するために利用される。
2) 私たちは、学生が授業以外の場でより良いコミュニケーションを取れるように、FacebookやTwitterを使う。

When I was a kid, we used to [22]make fun of big language by singing simple songs in a [23]complicated way. Do you recognize this one? "Three visually [24]deficient [25]rodents, three visually deficient rodents. Observe how they [26]perambulate ..." and so on. That is, of course, the beginning of this song: "[27]Three blind mice, three blind mice. See how they run ...."

---

[22] make fun of ~　～を物笑いの種にする、～をからかう
[23] complicated　複雑な
[24] deficient　障害のある、欠陥のある
[25] rodent　齧歯動物
　　★ネズミ、リス、ビーバーなど。

[26] perambulate　歩き回る、巡回する
[27] Three blind mice ...
　　★イギリスの伝承童謡集「マザーグース」の中の歌 "Three Blind Mice" の歌詞。

　子どもの頃、私たちはよく簡単な歌を複雑に歌って、大げさな言葉を物笑いの種にしたものです。これが何の歌か、わかりますか？「3匹の視覚に欠損のある齧歯動物、3匹の視覚に欠損のある齧歯動物。彼らが巡回する様子を観察せよ……」という調子です。もちろん、この歌の出だしです。「3匹の盲目のネズミ、3匹の盲目のネズミ。彼らが走るのを見てごらん……」

One lesson to take from all this is writing well doesn't require a lot of fancy English. If you're reading and understanding this essay, you're probably ready to write good English yourself. Practice by creating an English-only Facebook group with friends, or just keep a diary. That might be a fun way to start the new year!

January 2017

こうしたことから学べるのは、上手に文章を書くために、凝った英語は大して必要ない、ということ。もしあなたがこのエッセイを読んで理解しているのなら、おそらく自分で良い英語を書けるところまで来ているのです。英語だけでやり取りするFacebookのグループを友達とつくって練習したり、あるいは日記をつけたりするだけでもいいのです。楽しい新年の始め方かもしれませんよ！

True/False Review　内容理解クイズ　　解答と日本語訳 ▶ p. 223

エッセイの内容と合っていれば **T**(True)を、違っていれば **F**(False)を選びましょう。

1. According to Hetherly, one of the things she loved about studying literature was reading what academics had written.

T / F

2. Hetherly's main advice for writing is: keep it simple.　**T / F**

True/False Review の解答と日本語訳

Chapter 1

p. 021 ┊ Doggy Bag

1. False

ケイ・ヘザリは、自分の住む小さな街には現在、2軒のラーメン店があると述べている。

2. False

ヘザリによると、一番おいしい「アメリカ」料理は常にハンバーガーである。

p. 027 ┊ What's for Dinner?

1. True

ヘザリは、アメリカの食の風景は、日本のそれに比べて奇妙だと述べている。

2. False

ヘザリが読んだところでは、アメリカ人の大多数が、グルテンの摂取量を減らしたい、あるいはまったく摂取したくないと思っている。

p. 033 ┊ Funny People and Trends on Campus

1. False

ヘザリは、若い女性が髪をおだんごにしているのを見るとちょっと変な感じがする、と述べている。

2. True

ヘザリによると、学生がショートパンツに厚手のセーターを組み合わせて着ているのを見るのは、珍しいことではない。

p. 039 ┊ Tiny House, Big Life

1. False

ヘザリは、自分はアメリカで狭いアパートに住んだことがないと述べている。

2. True

ヘザリによると、住む場所が狭くなれば、人は使っていない物を処分するしかなくなる。

p. 045 ┊ Honoring Our Loved Ones

1. False

ヘザリによると、アメリカ人には、葬儀における厳しい服装規定がある。

2. True

ヘザリは、人が亡くなった後の時期が、残された者にとって特別に困難なものになる可能性があると述べている。

p. 051 : True Gifts

1. True
ヘザリによると、クリスマスの買い物の期間が長くなってきている。

2. False
ヘザリは、自分が気に入っていた贈り物は、友人が買ってくれた小さな木製のレシピ箱だと述べている。

Chapter 2

p. 059 : Women Only?

1. False
ヘザリは、（日本国憲法の）第24条を変更することは、多くの家族にとって大きな前進の一歩となるだろうと述べている。

2. True
ヘザリによると、女性専用車両を設けることは、時代遅れの考え方を連想させる可能性がある。

p. 065 : When America Looks Like Japan

1. True
ヘザリは、日本とアメリカには、自分が思っていたよりも多くの共通点があると述べている。

2. False
ヘザリは、自分は最終的に、女性たちとトランプをするのではなく男性に交じって蹄鉄投げをすることになったと述べている。

p. 071 : Spring in the Air

1. True
ヘザリによると、4月が醸し出す雰囲気は、日本とアメリカとで似ていない。

2. True
ヘザリは、4月は私たちに、人生に欠けているものを思い出させ得ると述べている。

p. 077 : Saying Goodbye Across Cultures

1. False
ヘザリによると、今ではアメリカのほとんどの州の人が、伝統的なタイプの埋葬ではなく火葬を選んでいる。

2. True
ヘザリは、親友の父親の火葬で、複数の感情が入り交じった状態になったと述べている。

p. 083 : Searching for American Tradition

1. False
ヘザリは、バーベキューでのビールをもらう列で、日本人の女子学生と話したと述べている。

2. True
ヘザリは、自分は州や郡の祭りに参加したことがないと述べている。

p. 089 : Mom, Dad, and Divorce

1. True

ヘザリは、国際結婚をしようとしているカップルに、離婚の際に子どもに起きることについて考えるよう助言している。

2. False

ヘザリによると、離婚家庭の子どもが成長していく上で、暮らしの中に両親が存在する方がよいのは間違いない。

---

p. 095 : The Perfect Vacation

1. False

ヘザリは、北海道の温泉に両方の性別の人々が一糸まとわず入っている様子を見て、おじけづいたと述べている。

2. False

ヘザリによると、アメリカには入浴用の温泉が一つもない。

---

p. 101 : The Good Secular Life

1. False

ヘザリによると、アメリカでは教会と国家がしっかりと分離されている。

2. True

ヘザリが読んだところでは、宗教を信じている人の方が無宗教の人よりも常に強固な道徳的信念を持っていると述べるのは正しくない。

---

p. 107 : Breaking Bread

1. True

ヘザリは、同じものを食べることで人々がどのように信頼し合うようになるかを、あるラジオのインタビューで知った、と述べている。

2. True

ヘザリによると、アメリカの給仕係は頻繁に、食事中の人々の邪魔をする。

Chapter 3

p. 115 : This Is My Girlfriend

1. False

ヘザリは、人々が結婚する前に何年か一緒にいた方がよいと述べている。

2. True

ヘザリは、彼女の父親が「友達」と呼んだ女性とどういう関係なのかについて、確かなことがわからないようである。

---

p. 121 : Cursive May Be Cursed

1. False

ヘザリは、自分は最近、日本語の学習グループで漢字を学んだと述べている。

2. True

ヘザリは、アメリカの学校が筆記体を教えない傾向にあることを懸念している。

p. 127 : Language and Who We Are

1. False
ヘザリは、自分は日本人の男性よりもアメリカ人の男性を線路に突き落とす可能性が高いだろうと述べている。

2. True
ヘザリによると、日本語は彼女に情緒面での影響を与えた。

p. 133 : Trendy and Not-So-Trendy English

1. True
ヘザリは、awesome を cool の別の言い方として説明している。

2. False
ヘザリによると、2015年に emoji という語が『オックスフォード英語辞典』の「今年の単語」に選ばれた。

p. 139 : A Dog's Life

1. False
ヘザリによると、アメリカ人が犬を愛していなかった時代がある。

2. False
ヘザリは、最近、アメリカでは野良犬でさえ豊かな暮らしをしていると述べている。

Chapter 4

p. 147 : Singing America

1. True
ヘザリは、多くのアメリカ人がアメリカ国歌を英語でしか歌われるべきでないと考えているようだ、と述べている。

2. True
ヘザリは、アメリカでより多くの人が外国語を学んだら、アメリカのためになるだろうと考えている。

p. 153 : The Personal Is Political

1. False
ヘザリによると、彼女の姉が28年にわたって結婚しているにもかかわらず、州はそれを「不適切」と見なしてきた。

2. True
ヘザリは、若者とラテン系アメリカ人がオバマに投票したことをうれしく思う、と述べている。

p. 159 : An Unpopular Subject

1. True
ヘザリは、今日のアメリカでは、軍隊が総じてヒーロー視されていると述べている。

2. False
ヘザリは、ベトナムで戦った兵士たちは冷遇されても仕方がなかったと思っている。

p. 165　Working With Millennials

1. False
ヘザリによると、彼女の新しい上司は以前に図書館で働いた経験がなかった。

2. True
ヘザリは、年下の同僚たちのFacebookの投稿を見ることについて、やや気まずく感じている。

Chapter 5

p. 173　March 11, 2011

1. True
ヘザリによると、彼女は3月11日の地震と津波の時にアメリカにいた。

2. False
ヘザリは、災害に関して最も困難なことの一つは、誤報の拡散を止めることだと述べている。

p. 179　Home Sweet Home

1. False
ヘザリは、自分は小さなアパートで育ったと述べている。

2. False
ヘザリによると、彼女はいつも会社で人々に温かい便座の使い方を教える羽目になる。

p. 185　Living Abroad: Is It Worth It? Part 1

1. True
ヘザリは、議論の的になっている用語「expat（国外在住者）」は使わない方が望ましいと述べている。

2. False
ヘザリによると、彼女は外国に15年いた後、日本に戻る決意をした。

p. 191　Living Abroad: Is It Worth It? Part 2

1. True
ヘザリによると、アメリカに戻るに当たって、彼女はキャリアの道における難題に直面した。

2. False
ヘザリは、人は少なくとも5年は外国に住んだ方がよいと考えている。

Chapter 6

p. 199　Failure to Communicate

1. True
ヘザリは、彼女が言及している2人の友人のどちらも、パートナーが本当は何を言いたかったのか確信が持てていない、と述べている。

2. False
ヘザリは、友人のパートナーたちが、あたかも映画の中にいるかのように振る舞っていると感じている。

p. 205 ┊ The Power of Gratitude

1. False
ヘザリによると、彼女は、自分の車を修理してくれた男性によって書かれた感謝についてのブログを読んだ。

2. True
ヘザリは、人々への感謝を示すことがかつてよりも簡単になっていると思っている。

p. 211 ┊ Happy Holidays!

1. True
ヘザリによると、私たちは送付するクリスマスカードについて注意深くなるべきである。

2. False
ヘザリは、自分は親しい個人的な友達にしか挨拶状を送らないと述べている。

p. 217 ┊ On Writing

1. False
ヘザリによると、文学研究に関して彼女がとても好きだったことの一つは、研究者が書いたものを読むことだった。

2. True
ヘザリが伝えている書くための主なアドバイスは、「簡潔にする」ことである。

たのしく読めて、学びもたっぷり
英語で至福のエッセイ

発行日：2023年6月22日（初版）

書名：英語で至福のエッセイ
著者：ケイ・ヘザリ（Kay Hetherly）

編集：株式会社アルク 出版編集部
翻訳：鈴木香織
True/False Review作成：Peter Branscombe、Margaret Stalker
校正：渡邉真理子、Peter Branscombe、Margaret Stalker
デザイン：山口桂子（atelier yamaguchi）
イラスト：髙田茂和
写真協力：Tara Spies Smith

ナレーション：Kay Hetherly
音声編集：株式会社メディアスタイリスト
DTP：株式会社創樹
印刷・製本：萩原印刷株式会社

発行者：天野智之
発行所：株式会社アルク
〒102-0073　東京都千代田区九段北4-2-6 市ヶ谷ビル
Website：https://www.alc.co.jp/

地球人ネットワークを創る

アルクのシンボル
「地球人マーク」です。

本書は、『ケイ・ヘザリのTea Time Talk』
（2017年刊）に新たに7編のエッセイを加
え、再構成した増補改訂版です。